BLB

Vreni & Dieter Theobald
Christiane Rösel

Ein Dezember voller Weihnachten

Wegbegleiter im Advent

Die Autoren:

Vreni & Dieter Theobald

leben in Turbenthal (Schweiz). Gemeinsam haben sie einige Jahre ein Haus der Stille geleitet und lieben diese besondere Zeit des Kirchenjahres.

Christiane Rösel

lebt mit ihrer Familie in Marburg und arbeitet als Redakteurin und Referentin beim Bibellesebund. Durch Stille Tage im Advent hat sie diese Zeit für sich noch einmal neu entdeckt.

ISBN 978-3-95568-066-4

2. Auflage, November 2014

Gestaltung: Gisela Auth
Druck: Livonia Print, Lettland

Inhaltsverzeichnis

Inhaltsverzeichnis

Editorial

Wieder riecht es nach Advent: ein Feuer im Ofen, Punsch und Plätzchen, Kerzen und Tannenzweige – vieles lädt mich ein, zur Ruhe zu kommen. Aber trotzdem ist meine Seele noch nicht wirklich ruhig. Ich kann nicht einfach den Hebel umlegen, Stille und Besinnung funktionieren nicht auf Knopfdruck. Manchmal habe ich den Eindruck, dass ich in dieser Zeit mit besonders viel Volldampf unterwegs bin. Was hilft mir, herunterzuschalten, Augenblicke der Ruhe zu erleben? Advent und Weihnachten werben wie keine andere Zeit des Kirchenjahres mit der Botschaft der Liebe Gottes um mein Herz:

„Nichts, nichts hat dich getrieben zu mir vom Himmelszelt als das geliebte Lieben, damit du alle Welt ..." Diese Möglichkeit möchte ich doch nicht einfach verstreichen lassen! Aber natürlich erlebe ich diese Wochen nicht abseits meines Alltags. „Wie kann ich diese Zeit feiern, wenn um mich herum so viele damit nichts anfangen können?", fragte neulich eine Freundin. Sie hat recht. Es ist nicht ganz leicht und ergibt sich schon gar nicht von selbst. Und trotzdem tun mir diese Augenblicke der Stille gut. Und wer weiß, vielleicht begleitet mich ja ein wenig von diesem Licht und macht es auch in meiner Umgebung ein bisschen heller. Wer weiß? Probieren will ich es.

Deshalb möchte ich mich öffnen – Räume schaffen, Momente, die nur Gott und mir gehören. Das wird nicht an jedem Tag gleich gut funktionieren, deshalb möchte ich barmherzig sein, auch mit meinen eigenen Ansprüchen. Andererseits kann es mir vielleicht auch helfen, Wichtiges von Unwichtigem zu unterscheiden. Die Antreiber in meinem Herzen will ich entlarven und ihnen nicht gehorchen – denn manchmal geht es auch mit weniger: Die Fenster sind nicht geputzt (es wird doch sowieso früh dunkel), für die Adventsfeier bringt jeder etwas mit, und das Weihnachtsmenü darf auch mal bescheidener ausfallen! Oft sind alle anderen schon viel früher zufrieden, während ich noch meinen Idealen nachjage. Ich möchte gerne etwas verändern – wenn nicht jetzt, wann dann?

Und was suchen Sie? Was wünschen und erwarten Sie, wonach sehnen Sie sich in diesen Tagen?

Vielleicht kann dieses Buch Ihr ganz persönlicher Wegbegleiter durch die Advents- und Weihnachtszeit sein und Sie bei dieser Suche begleiten. Dabei kann es gut sein, dass Sie gar nicht an jedem Tag dazu kommen, sich ein wenig Zeit zu nehmen. Deshalb gibt es ein thematisches Inhaltsverzeichnis, dann wählen Sie sich etwas aus – so, wie es für Sie passt. Für jeden Tag gibt es einen oder mehrere Bibelverse und dazu persönliche Gedanken. Impulse und Fragen laden dazu ein, weiterzudenken. Eine Weihnachtsliturgie, aber auch einzelne Geschichten eignen sich auch für gemeinsames Feiern im Advent.

Wenn Sie etwas mehr Zeit haben, können Sie die Impulse ebenfalls als Anregung zum Schreiben nutzen. Vielleicht haben Sie Lust, Ihr eigenes Weihnachtsbuch zu gestalten: Sie können anhand der Fragen Erinnerungen notieren, Geschichten sammeln und alles zusammenstellen als Ihr persönliches Weihnachtsbuch. Am Ende finden Sie dazu eine kleine Weihnachts-Schreibwerkstatt.

Ganz egal, wie Sie dieses Buch für sich nutzen möchten – wir wünschen Ihnen dabei viele ermutigende Erfahrungen!

Vreni & Dieter Theobald
Christiane Rösel

Turbenthal und Marburg, Herbst 2014

Wie der Hirsch lechzt nach frischem Wasser, so schreit meine Seele, Gott, zu dir. Meine Seele dürstet nach Gott, nach dem lebendigen Gott. Wann werde ich dahin kommen, dass ich Gottes Angesicht schaue?
(Psalm 42,1)

1. Dezember

Sehnsucht

Augustinus, ein großer Gottsucher, hat den folgenden Satz geprägt: „Gottes Sehnsucht ist der Mensch!" Die Bibel lässt an vielen Stellen etwas von dieser Sehnsucht Gottes aufblitzen. Aber wirklich greifbar wird sie, als sein Sohn Mensch wird – näher kann er uns nicht kommen. Gottes Sehnsucht sucht uns Menschen – und hier hat meine Sehnsucht ihren tiefsten Grund. Der Mensch in seiner Sehnsucht ist ein Gottesbeweis, sagte Heinrich Böll.

Aber was suche ich wirklich? Meine Seele dürstet nach so vielem: nach Liebe, Anerkennung, menschlicher Nähe, nach einem Zuspruch Kann ich es ehrlich so sagen, dass ich mich in der Tiefe meines Herzens vor allem nach Gott sehne? Welche Stimmen melden sich in mir, wenn ich zur Ruhe komme? Wofür lohnt es sich? Was ist wirklich wichtig? Wer oder was redet in meinem Leben – und ist Gottes Reden auch dabei?

Mitten in diesem Fragen fange ich an, Sehnsucht wahrzunehmen. Wer seine Sehnsucht spürt, beginnt sich nach Gott auszustrecken. Langsam löst sich meine Zunge, und ich beginne zu beten:

„In deinem Namen komme ich jetzt in deine Nähe. Du rufst mich, lädst mich ein, das ist gut so. Du kennst alle ausgesprochenen und alle unsortierten Gedanken. So, wie ich bin, darf ich vor dir sein. Wirklich fassen kann ich es nicht, deine Sehnsucht bin auch ich. Meine Angst, mein Ringen, meine tiefste Sehnsucht kommen zur Ruhe. Hier werden Gedanken entmachtet, die sich in mir festgesetzt haben, und ich fange an, deiner Liebe wirklich zu glauben, alte Bilder zu stürzen und aufzuatmen. Mein Platz in deiner Nähe ist mir sicher. Bewahre das in meinem Herzen.

Wenn sich Anfragen und Forderungen melden, erinnere mich an deine Zusage. Danke für diese besondere Zeit im Advent. Danke für Augenblicke der Ruhe vor dir und in dir. Danke, dass du darauf wartest, mich zu beschenken."

Ich sehe dich mit Freuden an
und kann mich nicht satt sehen;
bleib ich anbetend stehen.
O dass mein Sinn ein Abgrund wär
und meine Seel ein weites Meer,
dass ich dich möchte fassen.

(Paul Gerhardt, 1607–1676)

Was ist meine tiefste Sehnsucht?

. . . .

. . . .

. . . .

Welche Frage möchte ich Gott hinhalten?

. . . .

. . . .

. . . .

Siehe,
dein König kommt zu dir,
ein Gerechter und ein Helfer,
arm und reitet auf einem Esel,
auf einem Füllen der Eselin.
(Sacharja 9,9)

2. Dezember

Macht hoch die Tür

Das Kirchenjahr beginnt mit dem 1. Advent. Dazu gehören jedes Jahr die Lesung aus dem Propheten Sacharja und das Lied „Macht hoch die Tür, die Tor macht weit“.

Der Text erzählt davon, wie Jesus unter den Jubelrufen der Menschen auf einem Esel in Jerusalem einzieht. Es ist eine prophetische Geschichte, die uns jedes Jahr im Advent in Erinnerung ruft: So, wie Jesus damals in Jerusalem in den Tempel einzog und sich alles ringsum anschaute (Markus 11,8-11), wird er einmal wiederkommen als König der Welt.

Eine Strophe des Liedes „Macht hoch die Tür“ bezieht sich auf die Palmsonntagsgeschichte, und zwar auf die Zweige, mit denen die Menschen Jesus zujubelten und ihm zuwinkten, wenn es dort heißt: „Die Zweiglein der Gottseligkeit steck auf mit Andacht, Lust und Freud ...“

Früher verzierte man noch Spiegel und Bilder mit einem kleinen Tannenzweig. Sie erinnerten an diesen Willkommensgruß von damals und wiederholen diesen Gruß für heute.

„Komm, o mein Heiland Jesu Christ, meins Herzens Tür dir offen ist.“ Diese Bitte begleitet mich im Advent. Oft bin ich noch gar nicht soweit, es ist eher ein Wunsch, und trotzdem verändert sich etwas, wenn ich es ausspreche. Du darfst mir nahe kommen – darfst du mir nahe kommen?

Ja, du darfst mir nahe kommen –
heute und hier?
Ja, du darfst bei mir wohnen?
Ja, ich erwarte dich?

Über meinem JA
wird neues Leben sprossen,
und Strahlen goldgelben Lichtes
ergießen sich in
noch ungeputzte Zimmer.

(Rebekka Havemann)

Komm, o mein Heiland Jesu Christ,
meins Herzens Tür dir offen ist.
Ach zieh mit deiner Gnade ein,
dein Freundlichkeit auch uns
erschein.

Dein Heilger Geist uns führ und leit
den Weg zur ewgen Seligkeit.
Dem Namen dein, o Herr,
sei ewig Preis und Ehr.

(Georg Weissel, 1590–1635)

Wo und wie haben sich für Sie in der Advents- und Weihnachtszeit verschlossene Türen geöffnet zu Menschenherzen, Häusern, festgefahrenen Beziehungen, Meinungen übereinander ...?

. . . .

. . . .

. . . .

. . . .

. . . .

Doch der Engel sagte zu ihm: „Du brauchst dich nicht zu fürchten, Zacharias! Dein Gebet ist erhört worden. Deine Frau Elisabeth wird dir einen Sohn schenken; dem sollst du den Namen Johannes geben. Du wirst voller Freude und Jubel sein, und auch viele andere werden sich über seine Geburt freuen.
(Lukas 1,13-14 NGÜ)

Trotzdem hoffen

Wie ist das, wenn ich lange um etwas bitte, aber es tut sich einfach nichts? Es scheint vergeblich, auch wenn ich es mir noch so sehr wünsche. Und eigentlich ist es doch ein guter Wunsch! Vermutlich hatten Zacharias und Elisabeth die Hoffnung aufgegeben, dass Gott ihre Herzensbitte noch erhören würde. Schließlich war es inzwischen mehr als unrealistisch, dass sie doch noch

einen Sohn bekommen könnten. Und sie waren nicht die ersten – die Geschichte Gottes mit seinem Volk begann schon im Alten Testament mit zwei Menschen, die lange vergeblich auf den versprochenen Sohn warten mussten: Abraham und Sara. Auch der neue Bund beginnt mit zwei Leuten, die warten. Schließlich erhört Gott ihre Bitte, aber nicht einfach so. Während Zacharias im Tempel seinen Aufgaben nachgeht, die Gebete der Pilger vor Gott bringt und sich zum Gebet niederwirft, kommt plötzlich ein Bote Gottes mit einer tollen Nachricht: Gott schenkt dir und deiner Frau einen Sohn. Der soll Johannes heißen!

Aber wie reagiert Zacharias? Man hat den Eindruck, dass er irgendwie einen klaren Kopf behält und zurückfragt: „Woran soll ich erkennen, dass das alles geschehen wird? Ich bin doch ein alter Mann, und meine Frau ist auch nicht mehr jung." Der Engel erwidert: „Ich bin Gabriel; ich stehe vor Gott und bin von ihm gesandt, um mit dir zu reden und dir diese Nachricht zu bringen" (Lukas 1,18-19 NGÜ). Zacharias bittet um ein Zeichen – und verstummt!

Gott hat die Bitte von Zacharias und Elisabeth erhört, aber mehr als das. Mit ihrem Sohn beginnt für das Volk Israel eine neue Zeit. Der Name Zacharias bedeutet: Der Herr hat sich erinnert. Er macht wahr, was er versprochen hat – und wie!

Aus Stummheit erlöst

Stumme Väter haben oft
schreiende Söhne!
Durch Unglaube zum Schweigen
gebracht, schreibt Zacharias
auf die Tafel:
»Er soll Johannes heißen!«
Durch Glauben zum Rufer
in der Wüste gemacht,
erhebt Johannes seine Stimme:
»Siehe, das ist Gottes Lamm,
das der Welt Sünde trägt.«
Weihnachten löst mir die Zunge:
Immanuel, Gott ist mit uns!

Haben Sie Enttäuschungen erlebt im Zusammenhang mit Weihnachten? Gingen Wünsche nicht in Erfüllung?

. . . .

. . . .

. . . .

. . . .

. . . .

Ein Gespräch mit Zacharias

Obwohl von dir ein Lobgesang in der Bibel steht, Zacharias – in der theologischen Fachsprache nennt man diesen „Benedictus" –, ist der Eindruck eher negativ, den man von dir gewinnt. Mein Bild von dir ist völlig anders. Es tut mir aufrichtig leid – vor allem für dich –, dass du dich nicht an entsprechender Stelle gegen diesen falschen Eindruck gewehrt hast. Andererseits spricht das nur für dich. Es beweist einmal mehr, dass die negativen Eindrücke viel tiefer haften als die positiven. So ist es halt im Leben.

Wer aber nicht oberflächlich nur dieses eine Ereignis betrachtet – waren es denn wirklich Zweifel an den göttlichen Zusagen, wie so viele Menschen behaupten? –, der sieht doch auch das andere: Ein Leben lang bist du ein Mann des Glaubens gewesen. Ein Mensch, der sein Leben bewusst in den Dienst Gottes gestellt hatte. Die tiefste Erfüllung, die einem Ehepaar deiner Zeit zuteilwerden konnte, war dir und Elisabeth versagt geblieben. Du aber hast gewartet, gehofft und gebetet. Du hast nicht in kindischem Zwingen Gott das abgetrotzt, was euer gemeinsames Glück vollkommen gemacht hätte. Du hast nicht in einer „Alles-oder-nichts-Stimmung" Gott den Dienst quittiert, als er scheinbar nicht auf deine Erwartungen einging.

Es war nie Forderung, aber heißes Gebet! Es war nie Ultimatum, aber mit Hoffnung gefüllte Erwartung. Und du bist alt darüber geworden. Auch Elisabeth. Ihre Aussichten schwanden doppelt so rasch wie deine. Dennoch!

Habt ihr je zusammen gebetet, ohne diesen Herzenswunsch einzuschließen? Ich hätte da viel

früher resigniert. Doch diese Aussage ist falsch. Sie unterstellt dir ja, dass du resigniert hast. Zacharias, ich brauche dir in der Tat kein Glaubensalibi zu verschaffen.

Aber vielleicht warst du nur verwirrt, überrascht und irritiert, als plötzlich der Engel vor dir stand. Und dann diese Mitteilung! Jahrzehntelang erwartet und doch in eben diesem Augenblick unerwartet. Was in diesem Moment wirklich in dir vorgegangen ist – ich werde es nie erfahren. Ich weiß nur, dass für dich damit eine lange Zeit des Schweigens begann. Redeverbot aus der himmlischen Zentrale! Aber vielleicht war es weniger ein Verbot als ein Angebot. Und du hast das Angebot genutzt. Die Worte, die nicht mehr über deine Lippen kamen, haben sich in deinem Herzen zu einem Lobgesang geformt. Als die Tür des Schweigens zerbrach, erklang aus dir der Lobgesang: „Gepriesen sei der Gott Israels, denn er hat besucht und erlöst sein Volk!“ Zacharias, wenn solche Lobgesänge entstehen, ist eine Zeit des Schweigenmüssens nicht Strafe, sondern Gnade! Gott hat auch dich besucht – heimgesucht – gnädig heimgesucht.

Denn siehe,
ich will ein Neues schaffen,
jetzt wächst es auf,
erkennt ihr's denn nicht?
(Jesaja 43,19)

4. Dezember

Barbaratag

Neu aufblühen

Am 4. Dezember ist Barbaratag. Nach einem alten Brauch werden an diesem Tag Forsythien oder Kirschzweige gepflückt. Damit sie wirklich an Weihnachten blühen, werden sie über Nacht in lauwarmes Wasser gelegt und frisch angeschnitten in eine Vase gestellt. Das Wasser wird immer wieder erneuert, und bei trockener Luft werden die Zweige ein wenig besprüht. Auf diese Weise blühen sie, wenn alles gut geht, an Weihnachten.

In diesem schönen Brauch steckt auch eine Botschaft: Etwas, das völlig tot zu sein scheint, erblüht zu neuem Leben. Zuerst klein, fast unbemerkt, wachsen die Knospen. Mitten in Kälte und Dunkelheit wächst neues Leben heran.

Dass etwas wächst und neu aufblüht – davon erzählt auch Jesaja. Äußerlich spricht

alles dagegen: Das Volk Israel im babylonischen Exil wurde von vielen Fragen umgetrieben. Das Alte war nicht mehr da, und Neues noch nicht in Sicht. In diese Situation spricht Gott durch den Propheten: Schaut genau hin, ich selbst will etwas Neues schaffen, erkennt ihr es denn nicht?
Einige Verse vorher erinnert er sein Volk daran, was er für es getan hat. Und dieser Gott ist auch jetzt an seiner Seite.

Dass etwas wächst und aufblüht, passiert ja nicht von jetzt auf gleich, und erzwingen kann ich es schon gar nicht. Aber ich kann Voraussetzungen schaffen, in denen etwas wachsen und blühen kann.

Vielleicht kann ich aber gleichermaßen dazu beitragen, dass auch in anderen etwas neu aufblüht: Ein bisschen Zeit, ein freundliches Wort, ein liebevoller Blick können so viel verändern.

Sei willkommen, o mein Heil!
Dir Hosianna, o mein Teil!
Richte du auch eine Bahn
dir in meinem Herzen an.

(Heinrich Held, 1620–1659)

Worauf warte ich?

. . . .

. . . .

Wo wünsche ich mir, dass etwas neu aufblüht in meinem Leben?

. . . .

. . . .

Welche Räume will ich dafür schaffen?

. . . .

. . . .

Advent feiern – und wie eine Liturgie dabei helfen kann

Ich gehöre zu den Advents- und Weihnachtsfans! Durch alle Jahrzehnte meines Lebens hindurch ist mir die Freude am Feiern dieser kostbaren Zeit nicht verloren gegangen. Gerne laden wir zum Feiern auch Nachbarn und Freunde ein. Im Kerzenlicht wird erzählt, eine adventliche oder weihnachtliche Spezialität gegessen und etwas dazu getrunken, eine Geschichte vorgelesen. Und, was mir besonders wertvoll ist, eine Adventsliturgie gemeinsam gebetet und gesungen.

Mit einer Liturgie feiern, beten, leben gehört seit vielen Jahren zu unserem Leben. Es ist Tradition geworden, hat sich verankert in unseren Herzen und wirkt sich aus in unserem Alltag. Wir lieben Liturgien. Eine Liturgie gibt Halt, einen festen, vorgegebenen Rahmen. Es sind alte, biblische Worte, die nachgesprochen werden. Sie sind abgewetzt und zugespitzt durch millionenfache Wiederholungen über die ganze Welt. Ich stimme ein, stimme zu, wiederhole mit. Ich reihe mich ein in die lange Liste der Glaubenden, Hoffenden, Wartenden.

Ich bete Gott, den Ewigen, an mit Worten, die andere vor mir schon vor Jahrhunderten gesagt haben. Und staune, dass sie auch jetzt noch gelten, für mich gültig und wahr sind. Abnützungs- oder Verschleißstellen kann ich nicht finden. Gemeinsam mit den Menschen, die ich liebe und mit denen ich das Leben teile, kann ich diese Worte beten und glauben. Ich empfinde dies als Glück. Als echtes Lebensglück.

Natürlich verändere ich auch immer wieder etwas daran. Bibeltexte und Lieder werden ausgetauscht. Es soll lebendig bleiben. Haben Sie Lust, diese oder eine eigene Version mitzubeten, allein oder zusammen mit Freunden? Der Versuch lohnt sich!

Adventsliturgie

E=Einer
A=Alle
EG = Evangelisches Gesangbuch

E: Siehe, dein König kommt zu dir, ein Gerechter und ein Helfer. (Sacharja 9,9)
A: Maranatha! Ja, komm, Herr Jesus!

Lied: Wie soll ich dich empfangen (EG 11,1+5+7)

E: Machet die Tore weit und die Türen in der Welt hoch, dass der König der Ehren einziehe!
A: Wer ist der König der Ehren?
E: Es ist der Herr, stark und mächtig, der Herr, mächtig im Streit.

E: Machet die Tore weit und die Türen in der Welt hoch, dass der König der Ehren einziehe!
A: Wer ist der König der Ehren?
E: Es ist der Herr Zebaoth; er ist der König der Ehre. (Psalm 24,7-10)

Lied: Macht hoch die Tür, die Tor macht weit (EG 1,1-5)

E: Machet Bahn, machet Bahn! Bereitet den Weg, räumt die Anstöße aus dem Weg meinem Volk! (Jesaja 57,14)
A: Das Volk, das im Finstern wandelt, sieht ein großes Licht, und über denen, die da wohnen im finsteren Lande, scheint es hell. (Jesaja 9,1)

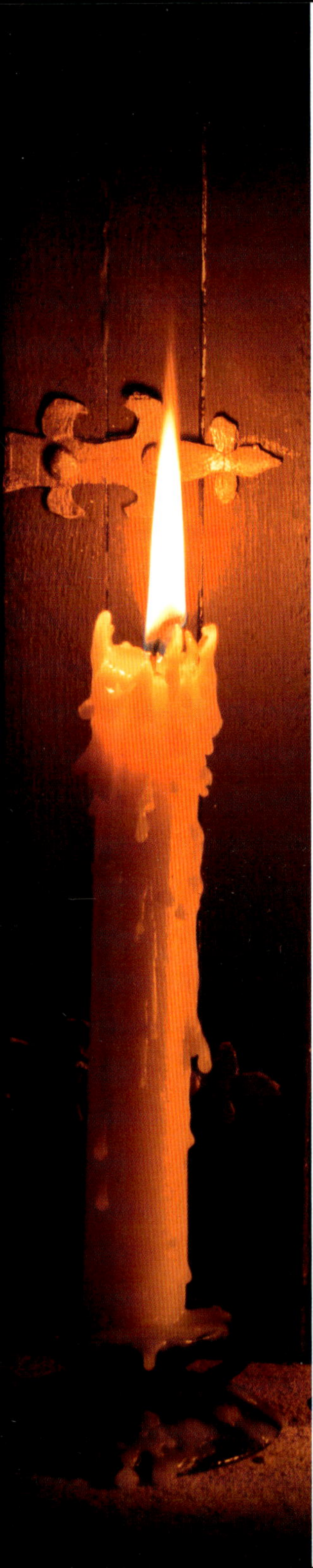

Lied: Seht, die gute Zeit ist nah (EG 18)

E: Es wird ein Reis hervorgehen aus dem Stamm Isais und ein Zweig aus seiner Wurzel Frucht bringen.

A: Auf ihm wird ruhen der Geist des Herrn, der Geist der Weisheit und des Verstandes, der Geist des Rates und der Stärke, der Geist der Erkenntnis und der Furcht des Herrn.
(Jesaja 11,1+2)

E: Es wird geschehen zu der Zeit, dass das Reis aus der Wurzel Isais dasteht als Zeichen für die Völker. Nach ihm werden die Heiden fragen, und die Stätte, da er wohnt, wird herrlich sein. (Jesaja 11,10)

Lied: Die Nacht ist vorgedrungen (EG 16,1-5)

A: Denn uns ist ein Kind geboren, ein Sohn ist uns gegeben, und die Herrschaft ruht auf seiner Schulter; und er heißt Wunder-Rat, Gott-Held, Ewig-Vater, Friede-Fürst;

E: auf dass seine Herrschaft groß werde und des Friedens kein Ende auf dem Thron Davids und in seinem Königreich, dass er's stärke und stütze durch Recht und Gerechtigkeit von nun an bis in Ewigkeit. (Jesaja 9,5-6)

Lied: Tochter Zion, freue dich (EG 13,1-3)

Gebet:

Vater im Himmel, wir danken dir, dass du Wort gehalten hast. Was du über Jahrhunderte hinweg versprochen hast, ging in Erfüllung. Du hast uns deinen Sohn, Jesus, als Retter und Heiland geschenkt. Durch ihn und mit ihm hast du uns Menschen die Tür zu dir wieder geöffnet.
Jesus, wir danken dir, dass du einverstanden warst, den Himmel zu verlassen, klein und gering zu werden, damit nichts uns davon abhalten kann, zu dir zu kommen. Wir ehren dich als Kind in der Krippe, als Erlöser am Kreuz, als König, der wiederkommt.
Heiliger Geist, wir danken dir, dass du heilig, schöpferisch, weise Gottes Pläne umgesetzt hast. Maranatha! Ja, komm, Herr Jesus!

Segen:

Gott, Ursprung und Ziel, er segne dich mit seiner heilbringenden Gegenwart. Jesus, Heiland und Erlöser, er segne dich mit Frieden und Freude. Heiliger Geist, Begleiter und Tröster, er segne dich mit Gnade zum Leben. Amen.

Siehe, ich will meinen Boten senden,
der vor mir her den Weg bereiten soll.
(Maleachi 3,1)

Die zweite Geige

Johannes – sein Name bedeutet: Gott ist gnädig. Aber trifft das auch auf sein Leben zu? Er ist im Kreis von Menschen aufgewachsen, die um den Messias wussten und auf dessen Erscheinen warteten. Johannes hat die Geschichte seiner Geburt von den Eltern gehört und weiß um seine Berufung.

In der Wüste bereitet er sich darauf vor. Er lebt wie ein Wüstensohn mit einem Gewand aus Kamelhaar. Heuschrecken und wilder Honig sind seine Nahrung. Trotz dieses Rückzugs zieht er Aufmerksamkeit auf sich: ein radikaler, glühender Prediger, der Jünger um

sich sammelt. Seine Wegbereitung für den Messias besteht aus der Aufforderung zu Umkehr und Buße. Johannes ist ein Mann, der Erfolg hat.

Aber dann kommt der andere ins Spiel, von dem Johannes sagt: Es kommt ein Stärkerer nach mir. Johannes weist auf Jesus hin: Er muss wachsen, ich aber muss abnehmen. Johannes schafft es, nicht der Beste und Erste sein zu wollen, sondern Wegbereiter. Sein Weg führte ins Gefängnis und zur Ermordung durch Herodes (Matthäus 14,1). Dieser Mann Gottes mit der großen Verheißung kann nichts mehr tun als abwarten, leiden, hoffen, ringen mit Gott.

Durch die Besuche seiner Jünger hört er von den gewaltigen Werken und Taten Jesu und dessen Verkündigung. Zweifel plagen ihn. Warum tut Jesus nichts für ihn? Matthäus 11,1-6 erzählt von den inneren Nöten des Johannes.

Der zweite Platz

Johannes, der Wegbereiter,
geht hinterher.
Wahres Können klingt
auch beim Spiel
der zweiten Geige brillant.
Wahre Größe
findet auch im
Zubringerdienst Erfüllung.
Der zweite Platz
wird erst beleuchtet,
wenn er
eingenommen wird!

Gab es bei Ihnen Erfahrungen und Erlebnisse rings um Weihnachten, wo Sie zurückstehen und die zweite Geige spielen mussten?

. . . .

. . . .

. . . .

. . . .

. . . .

. . . .

Gespräch mit Johannes dem Täufer

Ich möchte dich keineswegs negativ beeinflussen, Johannes. Auch möchte ich in dir nicht etwas wecken, das bis jetzt geschlummert hat. Doch du bist ja ein gescheiter Mensch, und ich kann mir kaum vorstellen, dass gewisse Überlegungen die Windungen deiner Gehirnzellen nicht bereits durchlaufen haben.

Eigentlich bist du doch ein „Dazwischengekommener". Wie ich das meine? Nun, vom Weihnachtsgeschehen hast du nicht viel mitbekommen; also von Maria und Josef, den Hirten und Weisen, auch nicht viel von Herodes. Du zuckst zusammen? Ich verstehe. Herodes spielt natürlich eine Rolle in deinem Leben. Und was für eine! Aber du meinst den Nachkommen. Seinen Vorgänger hast du nicht gekannt, womit du auch wirklich nichts verpasst hast. Der war keine Spur besser als „dein" Herodes. Mörder waren sie beide. Wie gesagt: Du warst zwar mitten im Weihnachtsgeschehen und hast doch nicht viel mitbekommen. Babyschicksal!

Deine Eltern haben dir sicherlich eine Menge davon erzählt. Deine erste Begegnung mit Ihm fand noch vor deiner Geburt statt. Ihr seid euch zum Greifen nah gewesen, konntet euch aber nicht sehen. Eure Mütter trugen euch noch unter dem Herzen. Elisabeth dich, Maria Ihn. Altersmäßig warst du Ihm voraus. Gewiss, es waren nur wenige Monate. Aber immerhin. Du konntest deinen Vorsprung nie halten. Er hat dich überholt. Man kann nicht sagen „eingeholt". Du bist Ihm nie davongelaufen. Im Gegenteil! Immer hast du Ihm Platz gemacht. Als du auf dem Höhepunkt deiner Laufbahn warst, hast du das nicht ausgekostet. Eine Laufbahn wie die deine kann man eigentlich auch nicht auskosten. Ist es über-

trieben, wenn ich sage: Man kann sie nur erleiden? Nie hast du dich als Märtyrer gefühlt – und doch bist du einer gewesen.

Auf dem Höhepunkt deines Lebens hast du von dir gesagt: „Meine Freude ist nun erfüllt." Aber es war nicht die Freude über deinen persönlichen Erfolg. Es war – ich sage das einmal in der Sprache der heutigen Geschäftswelt – die Freude darüber, dass die „Konkurrenz" dich geschlagen hat. Aber nein, diese Formulierung passt nicht zu dir. Sie passt nicht zu dir und nicht zu Ihm. Denn um Ihn handelt es sich ja. Du hast dich über Ihn schon im Mutterleib gefreut. So steht es in der Bibel. Und du hast dich gefreut, als du Ihn gesehen hast. „Er muss wachsen, ich aber muss abnehmen!" Das ist ein Zitat von dir, Johannes. Jeder kennt es. Aber das sind nicht nur schöne Worte. Auch keine leeren Worte und schon gar keine frommen Worte. Das bist du! Damit hast du dein Leben und dein Lebenswerk charakterisiert. Im bewussten Verzicht auf eigene Größe hast du eine Größe erreicht, die dir niemand streitig machen kann.

Er muss wachsen,
ich aber muss abnehmen.

Johannes 3,30

Gutes zu tun und
mit anderen zu teilen,
vergesst nicht;
denn solche Opfer
gefallen Gott.
(Hebräer 13,16)

6. Dezember

Nikolaustag

Die Kraft des Teilens

Ich sehe ihn wie heute vor mir stehen: „Den Weihnachtsmann gibt es nicht, aber beim Nikolaus kann man sich nicht sicher sein!“ – so baute sich unser fünfjähriger Sohn vor mir auf. Christlich sozialisiert, wie er war, hatten Jesus und der Weihnachtsmann gemeinsam an Heilig Abend einfach keinen Platz. Da musste man sich entscheiden. Aber der Nikolaus – und überhaupt, was da so in dieser Nacht passierte, da konnte man sich nicht sicher sein. Wenn wir dann in der Stadt einem Nikolaus begegneten, machte mein Sohn um diesen vorsichtshalber einen großen Bogen, Süßigkeiten hin oder her. Immer herrschte ja auch eine gewisse Spannung, ob er etwas bringt oder nicht. (Diese Spannung haben wir, ehrlich gesagt, auch ein bisschen gepflegt!)

Viele Legenden ranken sich um Nikolaus, der im 4. Jahrhundert Bischof der Stadt Myra in der heutigen Türkei war. Allen Geschichten gemeinsam ist sein vorbildliches Leben und sein Einsatz für andere.

Das tiefste Glück unseres Lebens ereignet sich im Teilen. Anderen etwas Gutes zu tun – dafür ist dieser Tag ein schöner Hinweis. In der Kraft des Teilens kann ich die Angst, zu kurz zu kommen, überwinden. Teilende Menschen sind glückliche Menschen. Dabei sind es nicht nur die Aktionen an Weihnachten, sondern es ist eigentlich eine Lebenshaltung, die damit ausgedrückt wird. An konkreten Möglichkeiten, Menschen in Not beizustehen, mangelt es nie; doch besonders in diesen Tagen finden wir dazu viele Angebote.

Es gibt einen alten Spruch aus dem Poesiealbum, der lautet: „... denn die Freude, die wir geben, kehrt ins eig'ne Herz zurück!" Trotzdem hatte ich lange damit zu kämpfen, gerne zu teilen und abzugeben: Reicht es noch für mich, wenn ich teile? Hat der andere es wirklich nötig?

Durch einen guten Freund, der es mir schlicht vorlebte, habe ich es Stück für Stück gelernt. Er selbst hatte nie echte Reichtümer, aber was er hatte, teilte er großzügig mit anderen. Ein solches Beispiel steckt an.

Wenn das Leid jedes Armen
uns Christus zeigt
und die Not, die wir lindern,
zur Freude wird,
dann hat Gott unter uns
schon sein Haus gebaut,
dann wohnt er schon in unserer Welt.
Ja, dann schauen wir heut
schon sein Angesicht
in der Liebe, die alles umfängt.

(Claus-Peter März)

Teilen Sie gerne? Wo fällt es Ihnen vielleicht auch schwer?

. . . .

. . . .

Was könnte Ihnen dabei helfen – und wer wartet gerade auf Sie und Ihre Hilfe?

. . . .

. . . .

. . . .

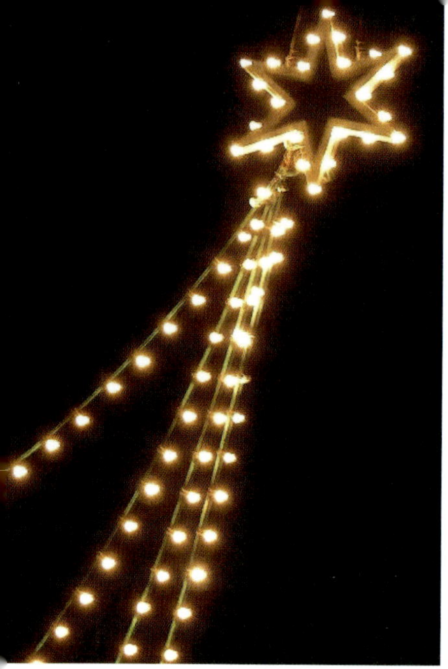

Hosianna dem Sohn Davids! Gelobt sei, der da kommt in dem Namen des Herrn! Hosianna in der Höhe! (Matthäus 21,9)

7. Dezember

Wie soll ich dich empfangen ...

In Kanada grüßen sich die Menschen in der Adventszeit mit der Frage: „Are you ready for Christmas?“ Bist du bereit für Weihnachten? Paul Gerhardt hat vor fast 400 Jahren sich selbst und uns allen diese berechtigte Frage gestellt mit dem Lied: „Wie soll ich dich empfangen, und wie begeg‘n ich dir, o aller Welt Verlangen, o meiner Seele Zier? O Jesu, Jesu setze mir selbst die Fackel bei, damit, was dich ergötze, mir kund und wissend sei.“ Und er beantwortet die Frage gleich selbst mit der Bitte, dass Jesus selbst es ihm zeigen möge, womit er ihn erfreuen und willkommen heißen kann. Kommen ist ein Schlüsselwort des Liedes, Paul Gerhardt vertont damit den Einzug Jesu in Jerusalem (Matthäus 21,1-9).

Gott kommt – er kommt zur Welt. Damals in Betlehem und heute – für jeden, der auf ihn wartet, als Heiland und Erlöser. Und er wird wiederkommen als Herr und König dieser Welt.

Darum schmücken wir unsere Häuser und Wohnungen wie für die Ankunft eines wichtigen und lieben Gastes, auf den wir uns sehr freuen. Der ersehnte Besuch soll sich bei uns wohlfühlen.

Deshalb bereiten wir uns auf Weihnachten vor. Es ist eine ganz besondere Zeit. Das Herz sehnt sich nach etwas Warmem, Schönem, Gemütvollem. Darum ist es nicht verwunderlich, dass der Dezember der „Kerzen- und Geschichtenmonat“ ist. Man nimmt sich wieder einmal Zeit zum Zusammensein und Vorlesen, oder man nimmt sich Zeit für sich selber, liest oder hört Musik.

Höre, mein Herz,
Gott hat schon begonnen,
seinen Advent in der Welt
und in dir zu feiern.

(Karl Rahner)

Wie soll ich dich empfangen?

Wie soll ich dich empfangen
und wie begegn ich dir,
o aller Welt Verlangen,
o meiner Seele Zier?
O Jesu, Jesu setze
mir selbst die Fackel bei,
damit, was dich ergötze,
mir kund und wissend sei.

Wie soll ich dich empfangen, Jesus?
Wir haben eine Kerze entzündet, weil wir hoffen, dass uns ein Licht aufgeht. Dass dein Licht uns leuchtet, damit wir wieder Land sehen im Dunkelgrau unseres Alltags. Dass wir unseren Weg finden im Labyrinth unserer Lebensentscheidungen. Lass uns ein Licht aufgehen, damit wir nicht im Dunkeln tappen.

Das schreib dir in dein Herze,
du hochbetrübtes Heer,
bei denen Gram und Schmerze
sich häuft je mehr und mehr;
seid unverzagt, ihr habet
die Hilfe vor der Tür;
der eure Herzen labet
und tröstet, steht allhier.

Wie sollen wir dich empfangen, Jesus?
Im November war wieder so viel los. Wir hatten keine Zeit aufzuräumen. Wir sind schlecht vorbereitet auf deinen hohen Besuch. Wie sollen wir dich empfangen, Jesus? Unser Haus ist nicht bestellt. Und in unseren Herzen hat sich so vieles aufgestaut, das unerledigt blieb. Mit dem wir alleine nicht fertig werden. Wir würden dir gerne etwas anbieten, wenn du uns besuchen kommst. Doch wir gestehen dir: Wir haben nichts vorzuweisen, womit wir deinen Besuch verdient hätten.

Ihr dürft euch nicht bemühen
noch sorgen Tag und Nacht.
Wie ihr ihn wollet ziehen
mit eures Armes Macht.
Er kommt, er kommt mit Willen,
ist voller Lieb und Lust,
all Angst und Not zu stillen,
die ihm an euch bewusst.

Wir danken dir, Jesus, dass wir dir nichts vormachen müssen. Wir bitten dich: Kehr bei uns ein, mitten hinein in unser ungeschminktes Leben. Kehr bei uns ein mit der Kraft deiner Liebe und Barmherzigkeit.

Lied: Paul Gerhardt, 1653
Meditation: Martin Buchholz

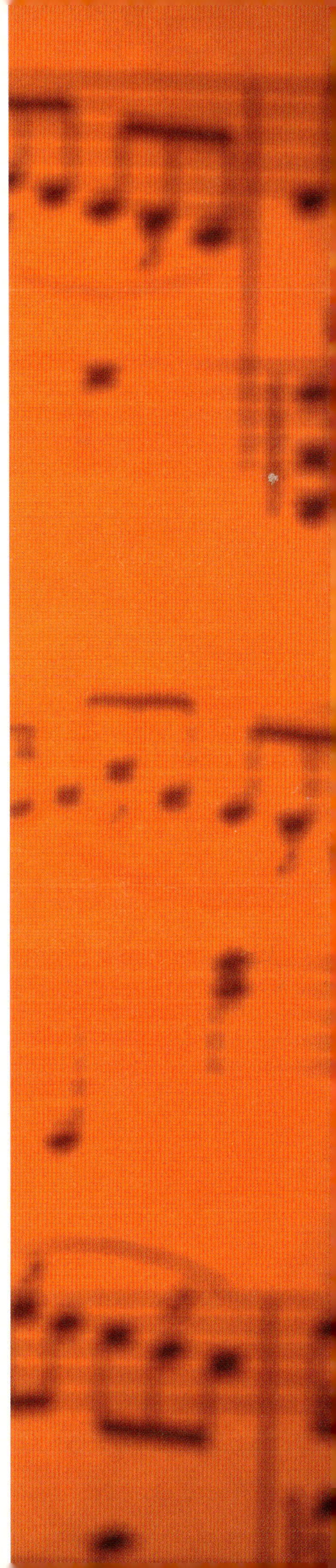

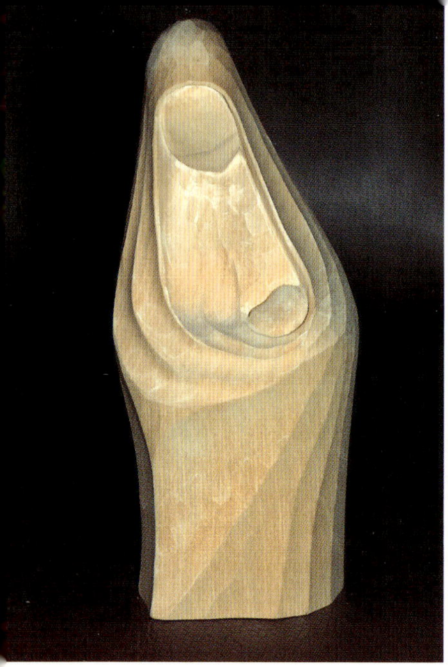

Da sagte der Engel zu ihr:
„Du brauchst dich nicht
zu fürchten, Maria,
denn du hast Gnade
bei Gott gefunden!“
(Lukas 1,28)

8. Dezember

Engel bringen frohe Kunde

„Engel bringen frohe Kunde“ – wirklich? Waren es nicht lauter Botschaften, die das Leben der Menschen gründlich auf den Kopf stellten? Klingt es nicht idyllischer, als es in Wirklichkeit war?

Erst diese Botschaft – und als Maria einen Engel wirklich nötig hatte, war er schon wieder weg. Ist es allzu menschlich gedacht, wenn ich mich frage, ob sie auf diesen Besuch nicht am liebsten verzichtet hätte?

Leider können wir Maria nicht fragen – trotzdem möchte ich diese Frage zulassen. Ich glaube, es ist gut, sich diese Fragen zu stellen, und die vertrauten Geschichten nicht einfach nur so hinzunehmen, sondern zu überlegen, wie war das eigentlich: Was hat Maria gedacht, gefühlt, wie ist es ihr ergangen? Wo hatte sie auch ziemliche Angst, wie das wohl ausgehen würde?

Die Bibel erzählt kurz und schlicht: Maria willigt in den Plan Gottes ein – nicht mehr und nicht weniger. Und zunächst bleibt sie allein, der Engel geht wieder. Aber er war da, hat sie angesprochen und ihre Seele berührt – das macht den Unterschied. Diese Berührung bewegt sie.

Wie ist das, wenn Gott mich anspricht und berührt? Nicht gleich durch einen Engel, aber doch so, dass er mein Herz anrührt. Am liebsten würde ich diese Momente festhalten und merke, dass das nicht geht. Merke, wie wichtig es ist, mich aus dieser Begegnung heraus auf den Weg zu machen, mich bewegen zu lassen.

Verheerend

Heerscharen des Herrn
überfluten Bethlehems Fluren.
Zurück bleiben Friede und Freude!
Heerscharen des Herodes
brechen herein über Bethlehem.
Zurück bleiben
Tod, Jammer und Geschrei!
Um welches Heer scharen wir uns?

Falsche Entscheidung –
verheerende Folgen!

Jauchzet, ihr Himmel,
frohlocket, ihr Engel in Chören!
Singet dem Herren, dem Heiland
der Menschen zu Ehren.
Sehet doch da:
Gott will so freundlich und nah
zu den Verlornen sich kehren.

(Gerhard Tersteegen, 1697–1769)

Wie stellen Sie sich einen Engel vor?

. . . .

Haben Sie auch Engelgeschichten erlebt?

. . . .

Rechnen Sie mit diesen Boten Gottes gerade auch in dieser Zeit?

. . . .

Josef, du Nachkomme Davids, scheue dich nicht,
Maria, deine Frau, zu dir zu nehmen. Denn das Kind,
das sie erwartet, kommt vom Geist Gottes.
Sie wird einen Sohn zur Welt bringen;
den sollst du Jesus nennen.
Denn er wird sein Volk von aller Schuld befreien.
(Matthäus 1,20-21 GNB)

Eine tragende Nebenrolle

Der Zimmermann Josef aus Nazareth wird in den Krippendarstellungen und Bildern meistens als stiller Mann dargestellt, der etwas unbeholfen danebensteht, sich am Stock festhält oder im Hintergrund etwas arbeitet. Doch eigentlich spielt er eine tragende Nebenrolle! In der Bibel wird Josef als gehorsamer, hörfähiger und treuer Mann gezeigt. Er ist der große Hörer. Kein einziges Wort ist uns von ihm überliefert.

Darüber hinaus wird Josef oft als Träumer bezeichnet. Ja, Gott spricht zu ihm im Traum, und Josef hört und versteht! Er glaubt und vertraut, setzt um, was er verstanden hat.

Er ist nicht der erste, zu dem Gott durch Träume spricht. In vielen biblischen Geschichten lernen Menschen durch ihre Träume, wohin sie gehen sollen, wo Gefahren drohen und wie sie einen neuen Weg finden.

Josef hört etwas im Traum und handelt entschlossen: Er nimmt Maria, seine Verlobte, zu sich, geht mit ihr zusammen nach Bethlehem und lässt sich für die Volkszählung an seinem Geburtsort eintragen.
Er ist da, sorgt für seine Familie, bricht wieder auf und flieht mit ihr nach Ägypten, nachdem ihm der Engel im Traum diesen Befehl gegeben hatte. Josef ist wirklich ein Mann des Glaubens.

Träumer

Träum nicht zu lange, Josef.
Der Engel mahnt
zum Aufbruch.
Nimm Maria.
Stell dich zu ihr:
Du gewinnst mit ihr das Kind!
Doch bleibe offen
für neue Träume!
Träumende Männer werden
die Säulen im
Tempel Gottes sein.

Hat Gott zu Ihnen schon
durch Träume gesprochen?
Was ist Ihnen deutlich geworden?

. . . .

. . . .

. . . .

. . . .

. . . .

Träume können eine Hilfe sein, sich mancher Dinge noch einmal bewusst zu werden, sie gewissermaßen ans Licht zu holen, dort zu verarbeiten, um anders weitergehen können.

Josef, der Vizevater

Josef, Marias Mann, ist eine vielverkannte Gestalt. Nur wenig wissen wir von ihm. Er steht auch kaum im Rampenlicht der Geschichte, obwohl er seinen Platz in unmittelbarer Nähe des Heilandes hatte.

Auf Abbildungen und in Krippendarstellungen ist er meist der plump-schwerfällige alte Mann, der unbeholfen neben der fürsorglichen Maria steht. Allgemein geht man davon aus, dass zwischen Josef und Maria ein großer Altersunterschied bestand. Später hören wir nicht mehr viel von Josef. Vermutlich war er bereits gestorben, als Jesus in der Öffentlichkeit auftrat. Dass Josef etwas unbeholfen neben dem Neugeborenen stand – wer will ihm das verdenken? Da hat er viele Kollegen!

Doch einige bemerkenswerte Dinge sind im Blick auf Josef trotzdem zu sagen. Zunächst einmal die eigenartige Ähnlichkeit mit seinem Namensvetter aus der Zeit der Patriarchen. Beide Josefs haben einen Jakob zum Vater (1. Mose 35,24; Matthäus 1,16). Beide haben ungewöhnliche und vielsagende Träume! In der Weihnachtsgeschichte bei Matthäus wird uns von fünf Träumen berichtet.

Ein Traum betrifft die Weisen, die übrigen vier Träume hatte Josef. Nun wäre es sicherlich falsch zu sagen: Josef war ein verträumter Mensch.

Vielmehr gab ihm Gott in dieser entscheidungsreichen Zeit durch Träume klare Anweisungen.

Für mich sind allerdings nicht die Träume das Wichtigste, sondern die Tatsache, dass Josef die Träume ernst nahm, sie als Reden Gottes erkannte und gehorsam war. Bedenken Sie nur einmal, was das

für Josef bedeutete! Er setzte sich damit – ohne jeden Versuch einer Rechtfertigung – dem Gerede der Leute aus. Er nahm mühevolle und strapaziöse Reisen auf sich und für einige Zeit sogar das Los eines Asylanten. Aber er war gehorsam! Josef war nicht ein Mann der großen Worte, aber ein Mann des großen Gehorsams!

Mir ist Josef sympathisch! Mehr noch: In zwei Dingen möchte ich „Josef" sein. Auch ich möchte auf Gottes Wort hin in klarem, unbedingtem Gehorsam stehen.

Das andere: Jesus war wohl gut zwei Jahrzehnte in der Werkstatt seines Vaters tätig. Tag für Tag so nahe mit Jesus zusammen zu sein, das wünsche ich mir.

Mache dich auf, werde licht.
Denn dein Licht kommt,
und die Herrlichkeit des Herrn
geht auf über dir.
(Jesaja 60,1)

10. Dezember

Abenteuer Advent

Abenteuer Advent – wieso denn das? Beim Wort Abenteuer fällt mir eine Menge ein – Advent ist ganz bestimmt nicht dabei. Das lateinische Wort „Advent“ und das englische Wort „*Adventure*“, auf Deutsch „Abenteuer“, gehen aber auf die gleiche Sprachwurzel zurück. Abenteuer hat etwas von entdecken, neue Wege gehen, einmal etwas ausprobieren – warum also nicht auch im Advent?

Nicht nur getreu dem Motto „Alle Jahre wieder“ diese Zeit einigermaßen unbeschadet zu überstehen, sondern etwas Neues zu versuchen.

Mich noch einmal auf den Weg zu machen, das Geheimnis von Weihnachten zu entdecken: Der Erlöser ist aus der Freiheit Gottes gekommen in ein kleines Volk, das wohl niemand ausgesucht hätte, zu einer Zeit, die kaum passend war, in einer Gestalt, die man einfach übersehen musste. So ist Gott gekommen!

Vielleicht geht es bei diesem Geheimnis weniger darum, es zu verstehen, als vielmehr, es mit dem Herzen zu erfassen. Augustinus sagt einmal: „Und ich vernahm, wie man mit dem Herzen vernimmt. Christus selbst muss mir noch einmal einleuchten!" Glaube ist mehr als ein Für-wahr-Halten, es ist ein Berührtwerden im Herzen.

Wenn ich dies Wunder fassen will,
so steht mein Geist
vor Ehrfurcht still:
Er betet an und er ermisst,
dass Gottes Lieb unendlich ist.

(Christian Fürchtegott Gellert, 1715–1769)

Entdeckungs-Wunschzettel:

Abenteuer Advent könnte bedeuten, dass ich mir vielleicht noch einmal ganz neu etwas wünsche. Auf diesem Wege will ich nicht durch die Hintertür Geschenke abschaffen, weil ich mich meistens darüber freue. Aber ich möchte Wünsche wahrnehmen, hinter denen eine Sehnsucht in meinem Herzen steht.

Wenn ich mich so auf die Suche mache, entdecke ich vielleicht manches noch einmal ganz neu.

Deshalb wünsche ich mir:

- weniger Pflichtgefühl
- eine gute Mischung von Arbeit und Spiel
- nicht immer so vernünftig zu sein
- mich nicht mehr vergleichen zu wollen/müssen
- zu lieben und geliebt zu werden
- meinen Platz in dieser Welt einzunehmen
- Menschen, mit denen ich mein Leben teile
- wachsendes Vertrauen
- versöhnt zu leben

Und was wünschen Sie sich?

Meine Seele erhebt den Herrn,
und mein Geist freut sich
Gottes, meines Heilandes!
(Lukas 1,46-47)

Lobpreis – Chorprobe für den Himmel

Die Weihnachtsgeschichte ist voller Lobgesänge! Da ist der bekannte Lobgesang der Engel, das „Gloria in excelsis", das den Hirten Gottes Freude über das Geschehen im Stall zu Bethlehem verkündigt.

Dann aber auch die Lobgesänge der Menschen: Zacharias stimmt das gewaltige „Benedictus" an (Lukas 1,67-79), Simeon das „Nunc dimittis" (Lukas 2,29-32) und Maria das berühmte „Magnifikat" (Lukas 1,46-56).

Lobpreis ist Chorprobe für den Himmel! Mitten in alle ungelösten Fragen hinein stimmt Maria diesen wunderbaren Lobgesang an! Wer Gott lobt, macht ihn zum Mittelpunkt und findet aus dem Notvollen und Engen des eigenen Lebens heraus, dreht sich nicht mehr um sich selbst, sondern um ihn. Die Größenverhältnisse stimmen damit wieder.

Maria ist offensichtlich vertraut mit Gottes Wort. Ihr Lobgesang besteht aus Worten des Alten Testamentes, die nun in ihrem Herzen zu einem eigenen Psalm zusammenfließen! Es sind prophetische Worte, Zusagen Gottes, die in Erfüllung gehen werden.

Gerade vielen Frauen haben ihre Worte Mut und Hoffnung gegeben: „Er hat mich, seine Dienerin, gnädig angesehen, ... er hat die Mächtigen vom Thron gestürzt und die Geringen emporgehoben, ... den Hungrigen hat er die Hände mit Gutem gefüllt, und die Reichen hat er mit leeren Händen fortgeschickt.“ (Lukas 1,46+52-53 NGÜ)

Maria besingt mit ihren Worten den Gott, der die Werte dieser Welt auf den Kopf stellt. Ähnlich, wie Jesus das in den Seligpreisungen auch tut. Und sie macht Gott groß – magnificare, das heißt: groß machen –, mit ihrer Seele, mit ihrem Fühlen und Denken sagt sie sich und anderen, wie Gott ist und was er kann.

Danke, Maria, für dieses Magnifikat!

Kommt, singet dem Herren,
o singt, ihr Engelchöre!
Frohlocket, frohlocket,
ihr Seligen!
Ehre sei Gott im Himmel
und auf Erden!
O lasset uns anbeten,
o lasset uns anbeten,
o lasset uns anbeten den König!

(Friedrich H. Ranke, 1798–1876)

Haben Sie diesen Lobgesang der Maria einmal gelesen oder gehört und dabei erlebt, dass er Sie in besonderer Weise angesprochen hat?

Wagen Sie sich an ein eigenes Magnifikat heran, einen Lobpreis Gottes, der aus Ihrem Herzen kommt?

Es begab sich aber zu der Zeit, dass ein Gebot von dem Kaiser Augustus ausging, dass alle Welt geschätzt würde. Und diese Schätzung war die allererste und geschah zu der Zeit, da Quirinius Statthalter in Syrien war. Und jedermann ging, dass er sich schätzen ließe, ein jeglicher in seine Stadt.
(Lukas 2,1-3)

12. Dezember

Die Pflicht ruft

Nun wird es amtlich – es geht um Daten und Fakten. Der Kaiser wollte genaue Auskünfte über seine Untertanen, damit seine Kassen durch die Steuern gefüllt würden. Wieviel Aufregung, Ärger, schwierige Umstände gab das damals! Und das nicht nur für Josef, der mit der hochschwangeren Maria von Nazareth nach Bethlehem reisen musste, um sich dort in die Steuerlisten eintragen zu können.

Dass selbst Kaiser Augustus mit seiner Volkszählung im Dienst Gottes steht, ist für mich tröstlich! Gott benutzt auch die politischen Umstände und Widrigkeiten, um sein Reich zu bauen und seinen Willen zu erfüllen. Das prophetische Wort aus Micha 5,1 ging auf diese Weise in Erfüllung: „Und du, Bethlehem Ephrata, die du klein bist unter den Städten in Juda, aus dir soll mir der kommen, der in Israel Herr sei, dessen Ausgang von Anfang und von Ewigkeit her gewesen ist."

Der Stecken des Treibers

»Du hast ihr drückendes Joch,
die Jochstange auf ihrer Schulter und
den Stecken des Treibers zerbrochen …«
Das ist die Weihnachtsbotschaft
des Propheten Jesaja (9,3).

Jetzt ist endlich Schluss mit:
Du sollst …
Du musst …
Du darfst nicht …
Reiß dich zusammen …
Blamier uns nicht …
Das gehört sich nicht …
Das macht man nicht …
Was denken wohl die Leute …?
Wo kämen wir denn da hin …?

Von Bethlehem
erklingt nun
eine andere Stimme:
»Mein Joch ist sanft,
und meine Last ist leicht.«

Wo und warum waren Sie auch schon überfordert in der Advents- und Weihnachtszeit? Wie war Ihnen zumute, was haben Sie sich anders gewünscht?

. . . .

. . . .

Gibt es einen Grund, in der Pflichterfüllung so fest verhaftet zu sein?

. . . .

. . . .

Die ihr schwebt in großen Leiden,
sehet, hier ist die Tür
zu den wahren Freuden.
Fasst ihn wohl,
er wird euch führen
an den Ort,
da hinfort
euch kein Kreuz wird rühren.

(Paul Gerhardt, 1607–1676)

Doch als die Zeit dafür
gekommen war,
sandte Gott seinen Sohn.
Er wurde als Mensch von einer
Frau geboren und war dem
Gesetz unterstellt. Auf diese Weise
wollte Gott die freikaufen,
die dem Gesetz unterstanden;
wir sollten in alle Rechte von
Söhnen und Töchtern Gottes
eingesetzt werden.
(Galater 4,4-5 NGÜ)

13. Dezember

Zeit des Wartens

Die Weihnachtsgeschichte beginnt nicht mit Maria und Josef! Nein, sie beginnt bereits bei Adam und Eva nach dem Sündenfall. Noch vor der Vertreibung aus dem Paradies klingt mitten in den Strafworten Gottes über die Menschen eine Verheißung an: Ein Nachkomme Evas wird der Schlange den Kopf zertreten (1. Mose 3,15)!

Durch alle Jahrhunderte des Alten Bundes wartete das Volk Israel auf die Einlösung dieser Verheißung Gottes. Wie auf einer Perlenkette lassen sich diese Verheißungen im Alten Testament aneinanderreihen: Gott selbst kündigt durch seine Boten immer wieder an, dass er eingreifen und sein Volk erlösen wird. Im Rückblick finden wir dann auch manchen, zunächst verborgenen, Hinweis auf das Kommen Jesu.

Es lohnt sich, diese Verheißungen wieder einmal laut zu lesen und sich vor Augen zu halten, wie lange das Volk Israel gehofft, gewartet, ausgeharrt hat, und wie die Verheißung sich schließlich erfüllt hat.

Adventsverheißungen:
1. Mose 3,15; 1. Mose 49,10;
2. Samuel 7,11-13; Psalm 24,7-8;
Psalm 72,11-13; Jesaja 7,14;
Jesaja 9,1-2; Jesaja 9,5-6;
Jesaja 11,1-2; Jesaja 28,16;
Jesaja 40,1-2; Jesaja 40,10-11;
Jesaja 42,1-3; Jesaja 49,6;
Jesaja 60,1-2; Jeremia 23,5-6;
Jeremia 33,14-16; Hesekiel 34,23;
Amos 9,11; Micha 5,1; Sacharja 9,9; Maleachi 3,1

Die Völker haben dein geharrt,
bis dass die Zeit erfüllet ward;
da sandte Gott von seinem Thron
das Heil der Welt, dich, seinen Sohn.

(Christian Fürchtegott Gellert,
1715–1769)

Warten

Warten fällt schwer.

Ungezählte Male
wird das
erwartete Ereignis
vorweg durchlebt.

Wird es so sein,
Gott?
Oder ganz anders?
Ist es so richtig?
Oder wäre es anders besser?

Das Verheißene
wächst in mir
zur reifen Frucht.

Ich warte –
antworte mir.

Er kam in sein Eigentum,
und die Seinen nahmen ihn
nicht auf.
(Johannes 1,11)

Kein Platz?

Ich stelle mir vor, wie verzweifelt Josef in Betlehem nach einer Herberge suchte. Maria brauchte doch dringend einen geschützten Ort für die Geburt ihres Kindes! Aber offensichtlich gab es keinen Platz für Maria und Josef. Wenigstens fanden sie im Stall ein Dach über dem Kopf. „Maria gebar ihren ersten Sohn und wickelte ihn in Windeln und legte ihn in eine Krippe; denn sie hatten sonst keinen Raum in der Herberge“ (Lukas 2,7).

Von seinem sprachlichen Ursprung her gesehen, steckt im Begriff Herberge die Bedeutung „ein das Heer bergender Ort“. Im Laufe der Zeit hat sich aber diese Bedeutung erweitert und gewandelt in

„Lager, Zuflucht, Obdach, Wohnung". Wer nicht zu Hause sein kann, soll in der Herberge ein Ersatz-Zuhause finden. Wenn wir jemanden aufnehmen, sagen wir ja auch, wir beherbergen ihn.

Jeder Mensch sehnt sich nach Herberge, nach einem Ort der Geborgenheit, nach einem Zuhause. Wenn Augustinus sagt: „Unser Herz ist unruhig in uns, o Gott, bis dass es Ruhe findet in dir", dann weist das eben auch auf das menschliche Sehnen nach Geborgenheit und Heimat hin.

Der Heiland der Welt findet bei seinem Kommen in diese Welt keinen Raum. „Er kam in sein Eigentum, und die Seinen nahmen ihn nicht auf" (Johannes 1,11).

Jesus nimmt das auf sich, damit die Heimatlosigkeit der Menschen endgültig ein Ende findet. Er wird für mich zur Herberge, zur Heimat. Wo kann ich neu in dieses Vertrauen hineinwachsen, dass ich bei Jesus einen festen Platz habe? Und nicht nur das, für mich ist sogar eine Wohnung vorbereitet (Johannes 14,2)!

Wir warten dein, o Gottes Sohn,
und lieben dein Erscheinen.
Wir wissen dich auf deinem Thron
und nennen uns die deinen.
Wer an dich glaubt,
erhebt sein Haupt
und siehet dir entgegen;
du kommst uns ja zum Segen.

(Philipp Friedrich Hiller, 1699–1769)

Sehnsucht nach Geborgenheit, Heimat zu haben, zu vertrauten Menschen gehören, bei denen ich angenommen und willkommen bin – das sind zentrale Sehnsüchte rings um Weihnachten.
Was sind Ihre ganz persönlichen Sehnsüchte? Wo freuen Sie sich aber auch über Heimat?

Fürchtet euch nicht!
Siehe, ich verkündige euch
große Freude, die allem Volk
widerfahren wird: Denn euch
ist heute der Heiland geboren,
welcher ist Christus, der Herr,
in der Stadt Davids.
(Lukas 2,10-11)

15. Dezember

Fürchtet euch nicht!

Draußen auf den Feldern bei Betlehem spielt sich eine unglaubliche Szene ab: Ein Engel ruft den Hirten zu: „Für euch ist heute der Retter geboren! Auf geht's Männer, macht euch auf den Weg." Und sie marschieren tatsächlich los, ohne zu wissen, was kommt. Der Ruf des Engels „Fürchtet euch nicht!" dreht die Logik der Angst um. Sie machen sich auf den Weg, ohne wirklich zu verstehen. Das geht nicht ohne Vertrauen und den Entschluss, Ungewissheit in Kauf zu nehmen.

Natürlich ist es wichtig zu planen – aber das Wichtigste im Leben ist nicht planbar: Liebe, Freundschaft, Gesundheit! Die wesentlichen Dinge meines Lebens sind schlicht unverfügbar. Für vieles gibt es keine Sicherheiten. Dabei habe ich mein Leben doch so gerne im Griff. Einfach losgehen, ohne zu wissen, was mich erwartet: Vertrauen statt Gewissheit?

Die Hirten laufen einfach los, ohne genau zu wissen, was kommt. Die Angst wird nicht verschwunden sein – aber sie haben die Worte des Engels im Ohr: Fürchtet euch nicht! „Sie machten sich auf den Weg, so schnell sie konnten, und fanden Maria und Josef und bei ihnen das Kind, das in der Futterkrippe lag. Nachdem sie es gesehen hatten, erzählten sie überall, was ihnen über dieses Kind gesagt worden war.“ (Lukas 2,16-17 NGÜ)

Wisst ihr noch, wie es geschehen?
Immer werden wir's erzählen,
wie wir einst den Stern gesehen
mitten in der dunklen Nacht,
mitten in der dunklen Nacht.

(Hermann Claudius, 1878–1980)

Entscheidung

Hirten, lebend
in Nacht und Dunkelheit.
Tageslicht kann nichts
daran ändern.
Angst macht ihnen
nicht die Dunkelheit.

»Die Klarheit des Herrn«
bringt sie zum Fürchten.
Vom Licht Gottes gestellt,
stellt immer auch
in die Entscheidung:
Weiterhin in der Furcht leben,
in der Nacht bleiben?
Oder:
zur Klarheit des Herrn schreiten?

Weihnachten ist Entscheidung!

Der Ruf des Engels „Fürchtet euch nicht!“ dreht die Logik der Angst um. Kann ich dem zustimmen? Die Hirten können sich kaum bremsen, anderen von diesem Wunder zu erzählen. Wo sprudelt etwas aus mir heraus?

. . . .

. . . .

Engel mit Spezialauftrag

In den weiten Räumen der Himmelswerkstatt war der Engel Seraphimos immer noch an der Arbeit. Mit einigen Helfern reparierte er die Flügel der Schutzengel, die bei ihrem Einsatz auf der Erde beschädigt wurden. Man könnte vielleicht auf den Gedanken kommen, dass dies eine langweilige Arbeit sei: immer nur Flügel ausbessern. Aber Seraphimos fand das nicht. Mit immer neuer Begeisterung machte er sich an die Arbeit, staunte über die Vielfalt der Flügel und wunderte sich über die Verschiedenartigkeit der Beschädigung.

Nein, langweilig war diese Arbeit überhaupt nicht. Immer, wenn ein Flügel oder Flügelpaar zur Reparatur abgegeben wurde, schaute Seraphimos rasch in den Bericht des betroffenen Schutzengels, stellte ein paar kurze Fragen. Aber nicht aus Neugierde! Es war Anteilnahme am Dienst der Schutzengel. Während seiner Arbeit malte Seraphimos sich dann aus, wie die Einzelheiten verlaufen sein könnten, und er verband damit auch immer ein Gebet. Ja, auch Schutzengel brauchen Schutz und Bewahrung. Wenn er alle Geschichten aufgeschrieben hätte, die ihm auf diese Weise bekannt geworden waren – es gäbe schon manches dicke Buch. Doch zum Schreiben hatte Seraphimos keine Zeit. Es lag ihm auch nicht so. Aber erzählen hätte er können. In Zeiten, in denen die Arbeitsmenge nicht so massiv war, erzählte er seinen Helfern davon. Sie hätten ihm jahrelang zuhören können! Klar, in den Jahrtausenden, in denen Seraphimos der Reparaturwerkstatt schon vorstand, war wirklich manches passiert.

Der Dienst der Schutzengel war nie ganz einfach und ungefährlich. Aber es schien von Jahr zu

Jahr schwieriger zu werden. Seraphimos fand das jedenfalls. Er konnte nicht aus eigener Betroffenheit sprechen. Obwohl er schon ungezählte Flügel von Schutzengeln repariert hatte – er selbst war noch nie zu diesem Dienst abgeordnet worden. Unausdenkbar, was passieren würde, wenn ihm was zustoßen sollte. Es gäbe keinen Engel im weiten Himmelszelt, der seine Erfahrung und Kenntnis im Ausbessern von Flügeln hatte. Und – um ganz ehrlich zu sein – Seraphimos hatte bis jetzt nie den Wunsch und das Verlangen gehabt, auf die Erde zu wechseln. Überhaupt war er glücklich, dienen zu dürfen. Sollte er je einmal versetzt werden, so doch nur, um auf andere Weise an anderem Ort dienen zu können.

Noch ahnte Seraphimos nicht, dass schon bald eine Veränderung eintreten würde. Er spürte zwar, dass in der Himmelswelt Umwälzungen im Gange sind. Wenn es auch ihn betreffen würde, erhielte er sicherlich rechtzeitig eine

Nachricht. Neugierig war er nicht, und er besaß die glückliche Art, alles sorgenfrei aus der Hand seines Herrn nehmen zu können.

Gabriel war in letzter Zeit öfter als sonst unterwegs zwischen Himmel und Erde. Doch das berührte Seraphimos nicht. Einer der jüngeren Engel kam in die Werkstatt von Seraphimos und sagte: „Hast du die Information am Anschlagbrett der Eingangshalle schon gelesen? Ab sofort ist jeden Abend zwischen 5 und 6 Uhr Chorsingen für alle Engel der Regiebetriebe. Was das wohl zu bedeuten hat?“ Das fragte sich Seraphimos auch. Aber er sprach es nicht aus. Zu den jungen Engeln seiner Abteilung sagte er nur: „Schaut zu, dass ihr rechtzeitig eure Arbeit beendet, und kommt pünktlich in den Chorraum!“ Offenbar waren noch viele der jüngeren Engel nicht frei von Neugierde. Das war ein Geflüster im Saal! Fast möchte man von Hochspannung reden. Nur die alten, ehrwürdigen Engel konnten sich beherrschen und mit dem Ausdruck großer Gelassenheit auf das warten, was kommen würde. Seraphimos gehörte zu ihnen, wenn auch sein Herz etwas rascher schlug als sonst.

Die Noten wurden verteilt. Seraphimos warf rasch einen Blick hinein. Es waren vertraute Sätze: Gloria in excelsis deo! – Nie war er bis jetzt

müde geworden, diesen Lobgesang darzubringen. Das Lob seines Gottes füllte sein Leben aus. Erst beim Weiterlesen merkte er, dass der Text abgewandelt und etwas ergänzt worden war. „Friede auf Erden und den Menschen ein Wohlgefallen ...!“ Diese Wendung war wohl neu. Er erinnerte sich jedenfalls nicht daran, sie je schon einmal gesungen zu haben. Der Erzengel, der den Chor leitete und der sonst recht wortkarg war, konnte es sich nicht verkneifen, doch etwas von einem bevorstehenden Einsatz auf der Erde zu sagen. Seraphimos hatte richtig gehört. Auch er sollte mit dem großen Chor auf die Erde und die Geburt des Messias ankünden. Hinter sich hörte er einen alten Engel staunend sagen: „Nun also ist die Zeit erfüllt!“

Und dann war es soweit. Obwohl all die vielen Engel schwebend den Himmel verließen, war es doch wie ein gewaltiges Rauschen. Klar, wenn so viele Engel unterwegs waren zur Erde und wenn ein solcher Lobgesang ihre Herzen erfüllte, dann konnte es nicht ausbleiben, dass manche singend und summend herabkamen. Vielleicht suchten sie auch einfach schon nach dem richtigen Ton, damit es sofort aus ihnen hervorbrechen konnte, wenn der Erzengel das Zeichen gab. Seraphimos hatte schon sehr viel von der Erde gehört. Schutzengel hatten ihm berichtet, so dass er sich richtig auszukennen meinte.

Doch als sie mitten auf dem weiten Gefilde um Bethlehem die Erde berührten, umgeben von dunkler Nacht, musste Seraphimos sich erst einmal umschauen. Beinahe hatte er dadurch den Einsatz verpasst. Kräftig sang er den Lobgesang mit. Er musste nicht in die Noten schauen – er konnte ihn auswendig. Umso mehr hingen seine Blicke an den Männern, die da zusammengekauert am Boden hockten. Seltsam, dachte er, dass ausgerechnet diese Männer als erste von dem gewaltigen Ereignis Kenntnis erhalten. Aber of-

fensichtlich war das bewusst so in Gottes Plan vorgesehen. Und was Gott tut, das ist wohlgetan!

Da spürte Seraphimos plötzlich von hinten einen leichten Stoß. Einer der ehrwürdigen Engel aus der Informationszentrale flüsterte ihm zu: „Seraphimos, du wirst jetzt nicht mit zurückkommen, sondern noch eine Weile auf der Erde bleiben. Du wirst einen Sonderauftrag erfüllen. Sorge dafür, dass alles in der Weihnachtsgeschichte so abläuft, wie es in Gottes Plan vorgesehen ist. Gott wird dich ausrüsten mit Weisheit und Liebe und mit Phantasie!" Noch ehe Seraphimos sich fassen oder gar noch eine Frage stellen konnte, setzte ein Rauschen ein und der gesamte Engelchor flog zurück in die Himmelswelt. Den Glanz himmlischer Herrlichkeit nahmen sie mit. Es war wieder dunkel ringsum. Nur das spärliche Feuer der Hirten spendete etwas Licht. Seraphimos stand allein hier. Doch die Hirten konnten ihn nicht sehen. Er war für menschliche Augen nicht sichtbar. Nun war Seraphimos plötzlich so etwas wie ein Schutzengel.

Die Hunde bellten und bei den Hirten war eine heftige Diskussion ausgebrochen. „Also an die Arbeit", sagte sich Seraphimos. Er schritt auf die Hunde zu, kraulte sie und war selbst überrascht, wie schnell diese sich

beruhigten. Dann trat er mitten in den Kreis der Hirten, berührte einen alten Hirten an der Schulter. In eine kurze Stille hinein hörte Seraphimos diesen Hirten sagen: „Nun wollen wir doch die Diskussion lassen. Kommt, wir machen uns auf und ziehen ins Dorf. Ich glaube, dass Gott uns diese Erscheinung zuteil werden ließ."
Seraphimos nahm rasch vom Gepäck der Hirten zwei Schaffelle und drückte sie einem Hirtenjungen in die Hand. „Was willst du denn mit diesen Fellen?", hörte Seraphimos einen Hirten den Hirtenjungen fragen. „Ich dachte nur, wenn der Heiland wirklich als Kind in einem Stall geboren wurde, kann er sicherlich ein warmes Fell gebrauchen." – Sie ließen ihn gewähren. Selbst Makkabäus schwieg dazu, obwohl er sonst an allem etwas auszusetzen hatte.

Als die Männer zum Stall in Bethlehem kamen, war Seraphimos schon längst dort. Sie sahen ihn natürlich nicht. Nur Josef und Maria und das Kind sahen sie. Friedlich saßen sie in einer Ecke des Stalles. Maria hatte ihr Kind in Tücher gewickelt, und Josef hatte Stroh zusammengelesen und in der Futterkrippe ausgebreitet. Dass Seraphimos kurz vorher die Tücher auf einen Balken in der Nähe gelegt hatte und dass er das Stroh glattgestrichen hatte, dass es nicht stach, das hatten sie natürlich nicht gesehen. Was sie auch nicht gesehen hatten, war, dass Seraphimos mit Stroh die Ritzen im Stall verstopft hatte, so dass der Wind nicht seinen kalten Hauch hineinblasen konnte. Hier

wurde Seraphimos im Augenblick nicht benötigt. Er war sicher, dass die rauhen Hirten liebevoll-umständlich das Kind verehren würden. So ging er rasch nach draußen, sah sehnsüchtig gen Himmel. Aber sofort erinnerte er sich seines speziellen Auftrags. Er schwang sich in die Höhe zu jenem besonders großen Stern über dem Stall und rieb ihn mit seinem weiten Gewand blank, dass er nur so funkelte. „Das ist eindeutig", hörte er unten einige Männer sagen. „Das ist der Stern, den wir im Morgenland gesehen haben. Wir sind am Ziel!"

Als Seraphimos schon längst wieder in seiner Werkstatt war und die Flügel der Schutzengel instand setzte, dachte er noch manches Mal an diesen besonderen Dienstauftrag auf Erden. Er erzählte seinen Mitengeln von Simeon und Hanna, die er im Tempel angetroffen hatte, und von dem langen Fluchtweg nach Ägypten. Es war eine anstrengende Zeit für ihn gewesen. Aber auch eine erfüllte Zeit. Der Dienst für seinen Herrn hatte ihm ein erfülltes Leben gebracht!

Und er spricht:
Machet Bahn, machet Bahn!
Bereitet den Weg, räumt die
Anstöße aus dem Weg
meines Volkes!
(Jesaja 57,14)

16. Dezember

Alle sind unterwegs

Still und stumm stehen oder sitzen die Figuren um die Krippe. Eine wunderbare Kulisse für die Advents- und Weihnachtszeit – mit hohem Dekorationswert, aber unaufdringlich und beruhigend. Ideal geeignet für gehetzte Menschen im Advent, weil die Krippenfiguren nicht stören und keine Zuwendung brauchen. Die Weihnachtsgeschichte ist anders, sie explodiert fast vor Leben: Alles bewegt sich, macht sich auf den Weg, wandert, läuft ...!

Gott selber bewegt sich! Seit der Vertreibung aus dem Paradies bereitet Gott einen Weg vor, wie er seine Menschen erlösen kann. Die Tür soll sich wieder öffnen! Aber wie? Er sieht nur einen Weg, selbst klein zu werden, so klein, dass sein Sohn im Körper einer Frau heranwächst und als Säugling zur Welt kommt: Nackt, hilflos – ohne Macht.

Die Engel machen sich auf den Weg! Der Engel Gabriel übernimmt den Botendienst und spricht mit Maria, mit Josef im Traum, mit den Hirten, den Weisen. Die himmlischen Heerscharen begleiten ihn.

Maria und Josef legen einen gewaltigen inneren Weg zurück und geben ihr Ja zu Gottes Plan. Auch äußerlich legen sie Wege zurück, von Nazareth nach Bethlehem, der Heimatstadt Josefs.

Die Hirten machen sich auf den Weg, die Weisen kommen von weit her aus dem Osten, Simeon macht sich auf den Weg in den Tempel – das ganze Land ist wegen der Volkszählung auf den Beinen.

Irgendwie bin ich also in guter Gesellschaft. Aber es sind ja nicht nur äußere Wege, die wir zurücklegen. Vermutlich sind diese oft der leichtere Teil, auch wenn sie mich anstrengen können. Es sind die inneren Wege und Prozesse, für die ich Zeit brauche, bis ich sie gehen kann: Wo bin unterwegs, damit sich noch einmal etwas verändert in meinem Leben? Wo höre ich eine Verheißung wie zum ersten Mal und sie setzt mich in Bewegung?

Einbruch Gottes

Besitz
wird gesichert,
versichert gegen
Einbruchgefahr.
Einbrecher gibt es genug.

Gott gesellt sich zu ihnen.
Er bricht ein.

Durchbricht
die gesicherten
Tore der Welt.

Er nimmt nicht.
Er bringt.
Sich selbst!
Zum Gewinn.

Durch die herzliche Barmherzigkeit unseres Gottes, durch die uns besuchen wird das aufgehende Licht aus der Höhe, damit es erscheine denen, die sitzen in Finsternis und Schatten des Todes, und richte unsere Füße auf den Weg des Friedens.
(Lukas 1,78-79)

17. Dezember

Barmherzigkeit zu Besuch

Wen erwarten Sie in den nächsten Tagen? Oder hätten Sie gerne Besuch, aber um Sie herum sind alle so beschäftigt? Es ist ja keineswegs einfach, die verschiedenen Möglichkeiten und Erwartungen gut unter einen Hut zu bekommen. Mitten hinein in mein eigenes Jonglieren dann diese Verse: Barmherzigkeit zu Besuch.

Die muss sich nicht anmelden, die würde ich jederzeit aufnehmen. Denn wenn ich etwas nötig habe, dann das, barmherzig zu sein. Barmherzig vor allem mit meinen eigenen Ansprüchen: wie etwas sein muss, damit es gut und richtig ist. Barmherzig zu sein mit meinen Lieben – den Älteren, wenn sich so vieles verändert, den Jungen, die sich ausprobieren und ihren eigenen Weg suchen. Den Kolleginnen und Kollegen, die ebenfalls am Jahresende müde sind und genauso wie ich nicht immer top funktionieren. Und, und, und …!

Barmherzigkeit heute an unserem Mittagstisch? Wie wäre das? Vermutlich sind alle wie immer, und doch ist etwas anders. Es strahlt etwas mitten in meinen Alltag hinein. Ehrlich, ich will nicht einfach nur fromm etwas schönreden. Und doch verändert Barmherzigkeit meine Perspektive.

Die unendliche Barmherzigkeit
des allmächtigen Gottes kommt
zu uns, lässt sich zu uns herab
in der Gestalt eines Kindes,
seines Sohnes.
Dass uns dieses Kind geboren,
dieser Gottessohn gegeben ist,
dass mir dieses Menschenkind,
dieser Gottessohn gehört,
dass ich ihn kenne, ihn habe, ihn
liebe, dass ich sein bin und er mein
ist, daran hängt nun mein Leben.

(Dietrich Bonhoeffer)

Jesus kommt bald,
mach dich bereit.
Er hilft aus Sündennacht.
Sein Zepter heißt Barmherzigkeit,
und Lieb' ist seine Macht,
und Lieb' ist seine Macht,
und Lieb' und Lieb' ist seine Macht.

(Isaak Watts, 1674–1748)

Darum wird euch der Herr
selbst ein Zeichen geben:
Siehe, eine Jungfrau ist
schwanger und wird einen
Sohn gebären, den wird sie
nennen Immanuel
(d.h. Gott mit uns).
(Jesaja 7,14)

18. Dezember

Ein Tag wie jeder andere?

Plötzlich stand sie vor mir, die Gestalt. War es ein Mann, eine Frau? Sie trug nicht das herbe Gewand der Männer noch das geschmeidige Linnen der Frauen. Kraftvoll und doch zart, furchterregend und doch zugleich vertrauenswürdig. Nie zuvor hatte ich diese Gestalt gesehen: nicht in Nazareth und nicht in meinen Träumen.

Aber in meinem Herzen war sie mir wie eine Altvertraute, wie Vater und Mutter zugleich. Und in diesem Moment wusste ich: Es ist ein Bote des Höchsten!

„Sei gegrüßt, du Begnadete! Der Herr ist mir dir!“

Liegt hier eine Verwechslung vor? Hoffte der himmlische Bote meine Mutter anzutreffen? Sie ist eine weise und eine reife Frau. Wer Kinder großgezogen hat und im Ansehen der

Nachbarn steht, wer einen unbescholtenen Mann zum Ehemann hat und in Gottesfurcht die Synagoge besucht, dem mag die Anrede „Begnadete“ zustehen.

Doch wer bin ich? Ein einfaches Mädchen aus Galiläa, nie aus Nazareth herausgekommen. Ich weiß nicht viel vom Leben. Nur eines weiß ich: Ich liebe Josef, und er liebt mich. Ich liebe auch Gott, wenn man das Liebe nennen darf. Doch ob er mich liebt? Wie soll ich das wissen und erwarten können? Ich, ein einfaches Mädchen aus Galiläa?!

Und der Engel sprach zu ihr: Fürchte dich nicht, Maria, du hast Gnade bei Gott gefunden. Siehe, du wirst schwanger werden und einen Sohn gebären, und du sollst ihm den Namen Jesus geben. Der wird groß sein und Sohn des Höchsten genannt werden; und Gott der Herr wird ihm den Thron seines Vaters David geben, und er wird König sein über das Haus Jakob in Ewigkeit, und sein Reich wird kein Ende haben.“

Es war keine Verwechslung: Er hat mich gemeint. Mich, das einfache Mädchen aus Galiläa. Aber wie schwer ist nun alles geworden! Wie unverständlich seine Worte an

mich. Wie verworren der Weg, der nun vor mir liegt. Wie einfach war alles bisher. Alles war so klar: Josef würde mich heiraten, und ich würde ihm Kinder gebären. Das ist der Wunsch und Weg jeder Frau. Warum sollte es bei mir anders sein? Nun soll ich einen Sohn gebären, und Josef hat mich noch nicht geheiratet. Ach, wäre doch der Tag ein Tag geworden wie jeder andere! Nun wird mein Leben ein Leben wie kein anderes!

„Der Engel antwortete und sprach zu ihr: Der Heilige Geist wird über dich kommen, und die Kraft des Höchsten wird dich überschatten; darum wird auch das Heilige, das geboren wird, Gottes Sohn genannt werden. Und siehe, Elisabeth, deine Verwandte, von der man sagt, dass sie unfruchtbar sei, ist in ihrem Alter auch schwanger mit einem Sohn und ist jetzt im sechsten Monat. Denn bei Gott ist kein Ding unmöglich!“

Ich wünschte mir einen Tag wie jeder andere. Ich wollte eine Frau sein wie jede andere. Doch ich habe einen Gott zum Vater, dem keiner gleicht! Seine Gedanken sind höher als meine Gedanken und seine Wege höher als meine! Er führt mich auf rechter Straße um seines Namens willen.

Ich sage Nein zu dem Wunsch nach einem einfachen Leben, weil Gott mich einen besonderen Weg führen will! Ich sage Nein zu dem Bedürfnis, für alle verständlich zu sein,

weil Gott mir den Weg des Unverstandenseins gewiesen hat.

Ich sage Ja zu dem, was aus mir werden soll, weil Gott Ja gesagt hat zu dem, was in mir wachsen soll!

Ich bin einverstanden mit dem Unverständlichen, weil Gott das

Unmögliche möglich werden lässt.

„Ich bin die Dienerin des Herrn. Was du gesagt hast, soll mit mir geschehen!“

Guter Hoffnung

Guter Hoffnung sein,
sagte man früher
von einer schwangeren Frau.
Hoffnung,
dass das Kind
gesund zur Welt kommt
und dass es
das Erbe der Väter
weiterträgt
in die nächste Generation.

In Maria
reift die Hoffnung der Welt
zur Geburt.

Seither ist Hoffnung
begründet in Bethlehem.

Seht auf und erhebt eure
Häupter, weil sich eure
Erlösung naht.
(Lukas 21,28)

O Heiland, reiß die Himmel auf

Wir sitzen mit einigen Leuten zusammen und reden darüber, wie es uns aktuell in unserem Glauben geht. Plötzlich meint einer: „Manchmal frage ich mich, wie lange es mit dieser Welt noch so weitergeht?“ Und ein anderer sagt dazu: „Ehrlich, ich frage Gott immer wieder: ‚Wie hältst du das eigentlich aus mit dieser Welt? Wenn ich du wäre, würde ich längst eingreifen‘.“

Kennen Sie auch diesen tiefen Wunsch nach Erlösung? Gott, wann kommst du wieder? Und damit verbunden die Bitte: Erbarm dich über diese Welt, über meine schwerkranke Nachbarin, deren ein-

zige Abwechslung im Fernsehen besteht; erbarm dich über meine niedergeschlagene Kollegin – erbarme dich auch über mich und die Fragen, die mich umtreiben! Was bedeutet Erlösung angesichts dieser Nöte? Warten wir nicht schon viel zu lange, und warten wir vielleicht doch umsonst? Wir sind ja nicht die ersten, die auf die Erfüllung der Verheißung warten:

Seht auf, und erhebt eure Häupter, weil sich eure Erlösung naht! (Lukas 21,28)

Ich möchte diese Fragen zulassen, auch wenn ich die Spannung nicht leicht finde. Höre ich darin doch auch die Frage Jesu: Vertraust du mir? Vertrauen ist für mich kein fester Besitz, über den ich einfach so verfügen kann, und ich glaube, dass die Bitte darum schon ein erster und wichtiger Schritt ist.

Und auch den Schmerz immer wieder einmal zu empfinden, dass diese Welt es nötig hat, erlöst zu werden, ist wohl eine wesentliche Erfahrung und bringt mich immer wieder zu der Bitte: „O Heiland, reiß die Himmel auf, herab, herab vom Himmel lauf; reiß ab vom Himmel Tor und Tür, reiß ab, wo Schloss und Riegel für."

Wo bleibst du, Trost der ganzen Welt,
darauf sie all ihr' Hoffnung stellt?
O komm, ach komm vom höchsten Saal,
komm tröst uns hier im Jammertal.

O klare Sonn, du schöner Stern,
dich wollen wir anschauen gern;
o Sonn, geh auf, ohn' deinen Schein
in Finsternis wir alle sein.

(Friedrich Spee, 1591–1635)

Doch der Engel sagte zu ihm: „Du brauchst dich nicht zu fürchten, Zacharias! Dein Gebet ist erhört worden. Deine Frau Elisabeth wird dir einen Sohn schenken; dem sollst du den Namen Johannes geben. Du wirst voller Freude und Jubel sein, und auch viele andere werden sich über seine Geburt freuen.
(Lukas 1,13-14 NGÜ)

Maria und Elisabeth

Marias junges Leben war durch die Begegnung mit dem Engel Gabriel durcheinandergeraten. Ihre geordnete Lebensvorstellung, die sich nach der Tradition ausrichtete, stand kopf. Wie sollte es weitergehen? Gott wusste, dass Maria noch wenig Lebenserfahrung hatte und dringend Beistand brauchte. Er hatte vorgesorgt, weshalb der Engel Gabriel zu seiner überwältigenden Nachricht

auch noch die Information fügte: „Und siehe, Elisabeth, deine Verwandte, ist auch schwanger mit einem Sohn, in ihrem Alter, und ist jetzt im sechsten Monat, von der man sagt, dass sie unfruchtbar sei. Denn bei Gott ist kein Ding unmöglich“ (Lukas 1,36-37).

Maria kannte Elisabeth, ihre kinderlose Verwandte, die im judäischen Bergland lebte mit ihrem Mann, dem Priester Zacharias. Sie sollte in ihren alten Tagen im sechsten Monat schwanger sein? Dann musste ja auch bei ihr etwas Ungewöhnliches geschehen sein. Mit allen Fasern zog es Maria über das Hügelland, hin zu Elisabeth. Mit Elisabeth würde sie sich austauschen und ihr die brennenden Fragen stellen können. Elisabeth würde verstehen, weil sie vorbereitet worden war durch eine eigene Gotteserfahrung.

Die Begegnung dieser beiden Frauen ist im wahrsten Sinne des Wortes bewegend (Lukas 1,41). Elisabeth erkennt durch den Geist Gottes, dass Maria noch Größeres erlebt hat. Und sie ehrt Maria mit ihrem Gruß und ihrer Freude. Sie erkennt die Berufung Marias an ohne Eifersucht und Neid. Sie ehrt Gottes Handeln an ihrer Verwandten und preist Gott. Eine Berufene macht der anderen Mut. Eine stärkt die andere. Gott gibt Begleitschutz und Lebenshilfe durch Begegnungen mit Menschen, die er selbst vorbereitet hat!

Maria blieb wohl bis zur Geburt des Johannes bei Elisabeth und konnte sich damit auch abschauen, wie man sich für eine Geburt vorbereitet. Und – was für den Austausch der beiden Frauen sehr wichtig war: Vermutlich kannte Elisabeth als Frau eines Priesters die Stellen aus dem Alten Testament, die vom kommenden Messias handelten.

So gestärkt, wagte Maria nach drei Monaten den Heimweg zurück nach Nazareth, wo menschlich gesehen lauter Schwierigkeiten auf sie warteten.

Gott hatte in liebevoller Fürsorge die ältere Elisabeth wie einen Schutzschild vor Maria gestellt.

Und du, Bethlehem Ephrata,
die du klein bist unter den
Städten in Juda, aus dir soll
mir der kommen, der in Israel
Herr sei, dessen Ausgang von
Anfang und von Ewigkeit her
gewesen ist.
(Micha 5,1)

21. Dezember

Bethlehem – Haus des Brotes

Die Fahrt durch die Grenzanlagen im Westjordanland weckte Erinnerungen an die innerdeutsche Grenze. So war ich schon etwas gespannt, als wir mit unserer kleinen Reisegruppe den Grenzposten zu den palästinensischen Autonomiegebieten überschritten. Bethlehem grenzt im Norden an Jerusalem. Wenn da nicht diese Mauer wäre, ginge eines fast ins andere über.

Bethlehem heißt auf Hebräisch: Haus des Brotes. Im Alten Testament wird erzählt, dass Jakob seine Frau Rahel dort begrub. Elimelech, der Schwiegervater von Ruth, kommt von dort, auch ihr späterer Mann Boas war hier zuhause. Es ist auch die Heimat Davids, und schließlich sollte von hier der versprochene Messias kommen.

Die Geburt Jesu ist keine Idee oder ein religiöses Gedankengebäude. Sie ist eine historisch belegte Tatsache. Gott wird konkret und legt sich fest auf einen Ort, auf bestimmte Menschen.

Justin von Nablus erwähnt um 150 n. Chr. erstmals eine Höhle als Geburtsstätte Jesu. Helena, die Mutter des Kaisers Konstantin, besuchte 324 n. Chr. auch Bethlehem. Auf ihren Wunsch hin ließ Konstantin eine Basilika errichten.

Gott geht ein in die Weltgeschichte und ist Teil meiner ganz persönlichen Lebensgeschichte. Die Kirchenväter sprechen immer wieder auch von einer Gottesgeburt in mir, einem heiligen Ort der Gottesbegegnung. Gibt es so etwas in Ihrem Leben?

Die Krippe von Bethlehem bleibt
aller Zeiten Wendepunkt,
aller Liebe Höhepunkt,
aller Anbetung Mittelpunkt,
allen Heiles Ausgangspunkt.

(unbekannt)

Zufall

Zufälle
sind Bälle, die unverhofft
geworfen werden.

Die Zufälle
und das Unverhoffte
gehören bei Gott zur Planung.

Zufällig eine Volkszählung,
eine überfüllte Herberge,
ein Stern am Himmel?

Zufällig eine verlorene Menschheit,
ein rettungsbedürftiges Volk,
ein paar armselige Hirten?

Nein, Zufall war das nicht.

Du stößt an, Gott,
mit der Geburt deines Sohnes.

Merkst du nicht den Wirbel
und das Durcheinander,
das du bringst?

Stoß kräftig an, Gott,
damit dein Reich kommt!

Als Jesus geboren war in Bethlehem in Judäa zur Zeit des Königs Herodes, siehe, da kamen Weise aus dem Morgenland nach Jerusalem und sprachen: Wo ist der neugeborene König der Juden? Wir haben seinen Stern gesehen im Morgenland und sind gekommen, ihn anzubeten.
(Matthäus 2,1-2)

Die Weisen

Kaspar, Melchior und Balthasar, so wurden im 8. Jahrhundert die Könige genannt. Es waren wahrscheinlich Sterndeuter, Magier, weise Männer, die von Persien oder Mesopotamien kamen. Eine bedeutende Sternenkonstellation faszinierte und beschäftigte sie. Das musste ein außergewöhnliches Ereignis sein, das durch dieses astronomische Phänomen angekündigt wurde. Von einem neuen König wurde

gesprochen. So wagten sie sich auf den weiten, mit vielen Gefahren verbundenen Weg und kamen – dem Stern folgend – nach Judäa. Logischerweise müsste ein neugeborener König ja im Palast in Jerusalem zu finden sein. So kamen sie auf dem Umweg über König Herodes in Bethlehem an. Trotz der äußeren Armut und Niedrigkeit, in der Jesus geboren wurde, erkannten sie den König der Könige, brachten ihre Geschenke und beteten an. Aber was waren das für Geschenke?
Andrea Schwarz erzählt dazu, wie Kinder einer fünften Klasse gefragt werden. Der erste meldet sich: „Gold!" Ein nächster meint: „Weihrauch!" Aber was war das dritte Geschenk? „Karotten!" Vermutlich hatte der Lehrer Mühe, sich zu fassen. Bis ein Kind erklärte: „Bei denen zu Hause heißen Möhren immer Karotten!"
Ehrlich, hätten Sie gewusst, was Myrrhe ist und was Sie mit den Geschenken anfangen sollen, vom Gold mal abgesehen? Aber zu dieser Zeit waren es wertvolle Gaben, die Maria und Joseph gut gebrauchen konnten und mit denen Gott sie versorgte.

Die Anbetung der Könige

Dass es keine Könige waren,
die vor der Krippe knieten
und dem Kinde ihre Huldigung
brachten, wissen wir.

Und doch:
Werden sie nicht zu
»Fürsten Gottes«,
zu Königen und Priestern
im Lager des Herrn,
weil sie erkannt haben,
gesehen haben, gefolgt sind?

Eine neue Haltung gewinnt man
im Knien und Anbeten,
durch ein einfältiges Herz,
das im Stall den König findet.

Mit den Weisen will ich geben, was ich Höchstes hab im Leben,
geb zu seligem Gewinn ihm das Leben selber hin.

(Emil Quant, 1835–1911)

Denn uns ist ein Kind geboren, ein Sohn ist uns gegeben, und die Herrschaft ruht auf seiner Schulter; und er heißt Wunder-Rat, Gott-Held, Ewig-Vater, Friede-Fürst; auf dass seine Herrschaft groß werde und des Friedens kein Ende auf dem Thron Davids und in seinem Königreich.
(Jesaja 9,5-6)

Wunderbarer Ratgeber, starker Gott, ewiger Vater, Friedefürst

„Das Volk, das im Finstern wandelt, sieht ein großes Licht, und über denen, die da wohnen im finsteren Lande, scheint es hell" (Jesaja 9,1). Der kommende Retter, der Immanuel, d. h. Gott ist mit uns,

wird in dieser Situation angekündigt. Es war nicht nur dunkel, sondern stockfinster für das Volk Israel. „Doch es wird nicht dunkel bleiben über denen, die in Angst sind!" (Jesaja 8,23). Gott erbarmt sich über sein Volk und schickt seinen Retter.

Haben Sie Händels Messias im Ohr, wie der Chor einstimmt: „Denn es ist uns ein Kind geboren, uns zum Heil ein Sohn gegeben. Uns zum Heil ein Sohn gegeben"? Hier strahlt etwas auf von dieser Botschaft des Retters. Und dieser Retter trägt ungewöhnliche und verheißungsvolle Namen:

- Wunderbarer Ratgeber
- Starker Gott
- Ewiger Vater
- Friedefürst

Diese vier Doppelnamen zeichnen das Kind aus und beschreiben, was es so unvergleichlich macht. Jeder Name ist aus einem göttlichen Element (Wunder, Gott, Ewigkeit, Friede) und einer eher menschlichen Eigenschaft (Ratgeber, Stärke, Vater, Fürst) zusammengesetzt. Helmut Frey beschreibt diese vier- bzw. achtfältigen Namen des Kindes als Flächen eines geschliffenen Edelsteines, die jeweils etwas von diesem überirdischen Glanz göttlicher Vollmacht widerspiegeln. Jede Seite zeigt uns etwas von seinem Wesen.

Und diese Herrschaft bleibt nicht beschränkt, sondern will sich ausdehnen von Jerusalem bis an die Enden der Erde (Jesaja 9,6). Gottes umfassender Friede, sein Schalom gilt den Menschen, die nach ihm fragen.

Was bedeuten mir diese Namen Gottes?

. . . .

. . . .

Welcher ist mir besonders wichtig?

. . . .

. . . .

Findest den Weg
zu mir
mitternachts
auf einsamem Feld
reibst mir den Schlaf
aus zweifelnden Augen
vertreibst Dunkel
und Trauer
mit deinem Licht:

Steh auf und sieh –
ich verkündige dir
große Freude
denn dir ist heute
der Heiland geboren
heut kommt zu dir
der dich heil macht!

... denn euch ist heute der
Heiland geboren,
welcher ist Christus, der Herr.
(Lukas 2,11)

Gott kommt zur Welt

Euch ist heute der Heiland geboren!

Wie oft habe ich diese Worte schon gehört, gelesen, gesagt? Und es ist wohl etwas Besonderes mit diesen Worten, dass sie auf einmal – in diesem Moment – aufleuchten und ich das Gefühl habe, ich höre sie wie zum ersten Mal: Euch ist heute der Heiland geboren. Heute!

Heute sagt einer Ja zu mir, ohne Wenn und Aber. Er liebt mich so sehr, dass er nicht wartet, bis ich mit allem fertig bin. Er kommt hi-

nein, mitten in meine kleinen und großen Sorgen, in die Fragen, die mich beschäftigen, in meine Hoffnungen, aber auch in meine Ängste. Er macht sich so klein, dass er hineinpasst in mein Leben. Heute! Das ist das Wunder der Heiligen Nacht: Bevor ich etwas tun kann, kommt Gott mir entgegen.

Ein alter Text von Hermann Bezzel (1861-1917) sagt es so:

„Alle Freude hat ihren Ursprung in der einzigen großen Tatsache: Euch ist heute der Heiland geboren. Dass für alle meine Ängste, die Angst, die mir die Welt bereitet und für die, die ich mir selbst gemacht habe, für alle meine Fragen, welche die Zeit mir aufgelegt und welche mein eigenes Unrecht mir erweckt, eine Lösung gekommen ist, welche Erlösung heißt; dass mir ein Heiland geboren ist, der mich verstehen will, der sich nicht von mir wendet, wenn Menschen sich von mir scheiden, der meiner nicht überdrüssig wird, sogar wenn ich mir selbst überdrüssig sein muss, das ist die große selige Botschaft, das ist der Quell der Freude."

Fröhlich soll mein Herze springen
dieser Zeit, da vor Freud
alle Engel singen.
Hört, hört, wie mit vollen Chören
alle Luft laute ruft:
Christus ist geboren.

Heute geht aus seiner Kammer
Gottes Held, der die Welt
reißt aus allem Jammer.
Gott wird Mensch,
dir Mensch, zugute,
Gottes Kind, das verbind't
sich mit unserem Blute.

(Paul Gerhardt, 1607-1676)

Völlig anders als erwartet

Völlig anders als erwartet –
so kommt Gott zur Welt.
Überrascht uns mit sich selber,
wie es ihm gefällt.

Dort im Stall: Das nackte Leben.
So zerbrechlich, zart und klein.
Hört den ersten Schrei des Kindes:
Gott wird mit uns sein.

Dort im Stall: Das nackte Leben.
Von der Nabelschnur getrennt.
Hört die Mutter leise flüstern,
die das Kind beim Namen nennt.

Dort im Stall: Das nackte Leben.
Spürt die Windeln und das Stroh.
Seht die staunenden Gesichter:
Gott gefiel es so.

Völlig anders als erwartet –
so kommt Gott zur Welt.
Überrascht uns mit sich selber,
wie es ihm gefällt.

(Martin Buchholz)

Denn es ist erschienen
die heilsame Gnade Gottes
allen Menschen!
(Titus 2,11)

Weihnachten – Gott rückt uns auf den Leib!

Wie kann es gelingen, dass ich dieses Weihnachtswunder noch einmal neu erfasse und bestaune? Vertraute Botschaften überhöre ich doch schnell. Wie lerne ich zu staunen?

Dieses Staunen finde ich in Paul Gerhardts Weihnachtslied „Ich steh an deiner Krippen hier“. Es gibt für mich kein Lied, in dem die Liebe Gottes so spürbar wird. Dabei habe ich das Gefühl, dass mich dieses Lied immer wieder einen Weg führt: zu sehen, wahrzunehmen, zu staunen – und ganz langsam wirklich auch glauben zu können, was ich dort singe. Dietrich Bonhoeffer schreibt in der Adventszeit 1943 aus dem Gefängnis an seinen Freund:

„... außerdem habe ich zum ersten Mal in diesen Tagen das Lied ‚Ich steh an deiner Krippen hier' für mich entdeckt. Ich hatte mir bisher nicht viel daraus gemacht. Man muss wohl lange allein sein und es meditierend lesen, um es aufnehmen zu können. Es ist in jedem Wort ganz außerordentlich gefüllt und schön ..." (S. Leibholz-Bonhoeffer: Weihnachten im Hause Bonhoeffer, Seite 77).

Meditierend aufnehmen – diesen Rat habe ich mir vor einiger Zeit zu Herzen genommen und dieses Lied auswendig gelernt. Wenn ich es jetzt singe, erlebe ich es ganz anders mit.

Was hilft Ihnen heute, dieses Staunen zu lernen? Welche Botschaft berührt Ihr Herz? Was möchten Sie mitnehmen in diese Weihnachtstage?

Ein Mensch sei groß im Maße der Größe dessen, was er bestaunt – den Schöpfer des Himmels und der Erde als hilfloses Kind in der Krippe.

(Reinhard Deichgräber)

Ich steh an deiner Krippen hier

Ich steh an deiner Krippen hier,
o Jesu, du mein Leben;
ich komme, bring und schenke dir,
was du mir hast gegeben.
Nimm hin, es ist mein Geist und Sinn,
Herz, Seel und Mut, nimm alles hin
und lass dir's wohlgefallen.

Da ich noch nicht geboren war,
da bist du mir geboren
und hast mich dir zu eigen gar,
eh ich dich kannt, erkoren.
Eh ich durch deine Hand gemacht,
da hast du schon bei dir bedacht,
wie du mein wolltest werden.

Ich lag in tiefster Todesnacht,
du warest meine Sonne,
die Sonne, die mir zugebracht
Licht, Leben, Freud und Wonne.
O Sonne, die das werte Licht
des Glaubens in mir zugericht',
wie schön sind deine Strahlen.

Ich sehe dich mit Freuden an
und kann mich nicht satt sehen;
und weil ich nun nichts weiter kann,
bleib ich anbetend stehen.
O dass mein Sinn ein Abgrund wär
und meine Seel ein weites Meer,
dass ich dich möchte fassen!

Eins aber, hoff ich, wirst du mir,
mein Heiland nicht versagen;
dass ich dich möge für und für
in, bei und an mir tragen.
So lass mich doch dein Kripplein sein;
komm, komm und lege bei mir ein
dich und all deine Freuden.

(Paul Gerhardt, 1607-1676)

Zur Krippe gehen …

Mit meinen lebensblockierenden Ängsten und einengenden Mustern; mit meiner Sehnsucht nach Erlösung.

Zur Krippe gehen …

Spüren, dass ich sein darf, so wie ich bin; nichts bewegen müssen, damit Christus auch in mir geboren wird.

Zur Krippe gehen …

Hören auf die Stimme: Fürchte dich nicht!
Mitten in deinen Fragen wirst du in neue Antworten hineinwachsen – jeden Tag neu.

Zur Krippe gehen …

Mich von Weggefährten beflügeln lassen, gemeinsam unterwegs zu sein.

Zur Krippe gehen …

Zwischen den Jahren

Die „Zwölf heiligen Nächte" – 25. Dezember bis 6. Januar

„Sind Sie schon in Bethlehem angekommen, oder sind Sie immer noch in Nazareth?" – so fragte eine ältere Dame meine Freundin, die als Frau eines Pfarrers in diesen Tagen Hochsaison hat. „Vielleicht bin ich so auf der Hälfte, aber angekommen sicher noch nicht", meinte meine Freundin dazu. Und wie geht es Ihnen? Haben Sie Heiligabend auch manchmal das Gefühl, Sie sind noch nicht ganz da? Eigentlich kommen Sie – wenn überhaupt – dann doch erst nach Weihnachten ein bisschen zur Ruhe.

Dazu habe ich vor einiger Zeit eine Entdeckung gemacht, die mich entlastet hat und mir guttut: Mit dem Weihnachtsfest ist diese besondere Zeit noch nicht vorbei. Na ja, vorbei sowieso nicht, und Sie könnten ja auch sagen: Eigentlich haben wir doch immer Weihnachten – aber ehrlich gesagt, erlebe ich das so nicht. Deshalb freue ich mich über diese freundliche Zugabe.

Der erste Weihnachtsfeiertag bildet so etwas wie den Auftakt der sogenannten „Zwölf Heiligen Nächte" vom 25. Dezember bis zum 6. Januar. Im 4. Jahrhundert wurde Weihnachten vom 6. Januar auf den 25. Dezember vorverlegt, um dem Sonnengott der Ägypter und dem persischen Lichtgott unseren Gott entgegenzuhalten. Unseren Gott, der sich so klein gemacht hat und als Kind diese Erde betritt. Das ist das Wunder der Heiligen Nacht – dieser Heiligen Nächte. Und vielleicht kommt das Geheimnis nach dem Fest, wenn die Pflichten ge-

tan, die Lieder gesungen und die meisten Kerzen abgebrannt sind. Vielleicht zünde ich mir dann eine Kerze an, einfach nur für mich – und fange an, mich noch einmal ganz neu zu freuen an dem, was Gott mir schenkt.

Jetzt habe ich Zeit, die Hände in den Schoß zu legen, Gedanken kommen und gehen zu lassen und in der Nähe Gottes ein wenig Ruhe zu finden. In dieser Zeit des Übergangs nehme ich mir auch Zeit, zurückzuschauen und das alte Jahr noch einmal Revue passieren zu lassen. Bewusst schaue ich mir noch einmal an, was gewesen ist. Manchmal nehme ich mir auch meinen Kalender und rufe mir verschiedene Situationen in Erinnerung:

Das alte Jahr durchschreiten:

- Welchen Menschen bin ich begegnet?
- Was habe ich erlebt?
- Woran freue ich mich, wenn ich zurückschaue?
- Wofür bin ich dankbar?
- Woran bin ich gewachsen?
- Welche Zeiten waren schwierig?
- Wo bin ich jemandem oder mir selbst etwas schuldig geblieben? (Was kann – möchte ich jetzt dafür tun?)
- Von wem musste ich Abschied nehmen?
- Wen oder was gilt es loszulassen?

Manches schreibe ich mir auf. Oft bete ich auch und erzähle meinem himmlischen Vater das Gute und Gelungene und möchte es bis in die Zehenspitzen hinein genießen und mich daran freuen. Und dann bitte ich Gott, all das zu nehmen und einzuhüllen, was schwierig war, ungelöst bleibt, was ich nicht ändern kann, und es regelrecht einzuhüllen in seine Barmherzigkeit. Ich möchte es loslassen, es ihm überlassen. Manchmal passt vielleicht auch nur ein kurzes Gebet: „Vater, ich überlasse mich dir!" Damit ist alles gesagt.

Gibt es aber auch etwas, das ich gerne mitnehmen möchte in das neue Jahr? „Eigentlich ist es doch schade", meinte meine Freundin. „Anfang Januar packen wir alle Weihnachtssachen wieder in eine große Kiste. Da liegen sie dann das ganze Jahr über, völlig unbeachtet. Dieses Jahr nehme ich mir etwas mit, was mir helfen soll, mich zu erinnern. Das ist dann wie einen Teil der Botschaft einzupacken, damit sie mich begleitet." Eine gute Idee. Was wäre das für Sie? Eine Karte, ein Stern, der Hirtenjunge von der Krippe? Welche Botschaft möchten Sie für sich festhalten?

Einer meiner theologischen Lehrer wollte seinen Weihnachtsbaum immer bis zum 2. Februar stehen lassen. An diesem Tag, vierzig Tage nach Weihnachten, sind Maria und Joseph mit Jesus im Tempel gewesen. Sich daran zu erinnern, die Botschaft mit in das neue Jahr zu nehmen, dazu gehörte für meinen Lehrer, den Tannenbaum so lange stehen zu lassen. Seine Frau fand diese Idee nicht so prickelnd – der Kompromiss bestand darin, dass der Baum auf der Terrasse noch ein wenig verweilen durfte.
Ich nehme mir dieses Jahr ein kleines Transparent mit aus meinem Adventskalender. Es trägt die Aufschrift: Was uns bleibt, ist das Wunder! Das wünsche ich mir, dass mich dieser Gedanke weiter begleitet.

Der Stern
über der Krippe erlosch,
die heilige Nacht versank,
das Jahr geht fort.

Herr, lass es dein Jahr fortan sein,
durch das ich gehe,
geleitet an deiner Hand,
einer, der dein Licht gesehen hat.

(Johann Christoph Hampe)

Er aber, voll Heiligen Geistes, sah auf zum Himmel und sah die Herrlichkeit Gottes und Jesus stehen zur Rechten Gottes und sprach: Siehe, ich sehe den Himmel offen und den Menschensohn zur Rechten Gottes stehen.
(Apostelgeschichte 7,55-56)

Stephanustag

Eigentlich passt der Stephanustag überhaupt nicht in die Weihnachtsgeschichte! Trotzdem wurde der Name Stephanus gerade in dieser Festzeit in den kirchlichen Namenskalender aufgenommen. Stephanus war der erste christliche Märtyrer, der um seines Glaubens willen gesteinigt wurde (Apostelgeschichte 7,59-60).

Wir sind in der Weihnachtszeit oftmals etwas harmoniesüchtig. Die Botschaft der Engel klingt noch in den Ohren: Friede auf Erden und den Menschen ein Wohlgefallen ...! Wir wünschen uns so sehr dieses friedliche und glückliche Miteinander in den Familien, in der Nachbarschaft und Gemeinde. Aber leider machen da nicht alle mit oder passen nicht in unsere Harmonievorstellung hinein. Schnell macht sich dann Enttäuschung breit. Oder wir erleben ernsthafte Schwierigkeiten, Leiden und Nöte, die uns herausfordern und schmerzen.

Mit dem Stephanustag und anderen Gedenktagen zwischen den Jahren wird das Weihnachtsfest noch einmal geerdet. Diese Tage machen deutlich: Manche Schwierigkeiten gehören dazu. Schuld und Scheitern sind Teil unseres Lebens. Wir werden aber auch an die Menschen erinnert, die gerade um ihres Glaubens willen verfolgt und angefeindet werden.

Furchtlos leben

»Erlöst aus der Hand
unserer Feinde.«
Freigemacht aus dem
Starren auf das,
was die Menge der Menschen
über uns sagt.
Befreit von der Knechtschaft,
dem Dienen für Menschen.

»Zu dienen
ohne Furcht dem Herrn
unser Leben lang.«
Wenn Gott einen Weg weist,
wenn er beruft,
wenn er bewegt,
dann gibt er auch,
was auf diesem Wege nötig ist.

Furchtlos leben kann ich nur,
wenn mir bewusst ist,
wem ich diene.

Als Herodes nun sah, dass er von den Weisen betrogen worden war, wurde er sehr zornig und schickte aus und ließ alle Kinder in Bethlehem töten und in der ganzen Gegend, die zweijährig und darunter waren, nach der Zeit, die er von den Weisen genau erkundet hatte.
(Matthäus 2,16)

König Herodes

Herodes der Große war König über Judäa, Galiläa, Samarien und andere Gebiete. Als von Rom eingesetzter und gestützter Vasallenkönig war seine Souveränität aber eingeschränkt. Sein Sohn Herodes Antipas ließ später Johannes den Täufer ins Gefängnis bringen und hinrichten.

Herodes der Große wird in der Bibel erwähnt im Zusammenhang mit der Geburt Jesu. Herodes erschrak und ließ sich von den Schriftgelehrten die Bibelstellen erklären, die das Kommen des Messias in Bethlehem prophezeiten. Deshalb ließ er alle Jungen unter zwei Jahren in Bethlehem töten, damit ihm ja kein Nebenbuhler gefährlich werden konnte.

Herodes gab sich nach außen hin stark und mächtig. Seine Angst vor dem Kind Jesus zeigt aber, wie schwach, ängstlich und unsicher er nach innen war.

Herodes – der Bibelforscher

Er erforschte von ihnen,
wo der Christus
geboren werden sollte.

Wenn Mächtige
in der Bibel forschen,
suchen sie Argumente.
Bibelwissen als Faktor der Macht!

Wir beweisen,
belegen, widerlegen
und argumentieren.

Herodes lebt in uns!

Achtung!
Er will uns ausforschen.
Wie stehen wir zum Neugeborenen?
Nicht die zarten Geheimnisse
der Liebe verraten!
Nicht die Spuren des Friedens
zertrampeln lassen!

Wenn Herodes nachforscht, schreitet er
forschen Schrittes zur Vernichtung.

Gespräch mit Herodes

Du siehst mich entsetzt an, weil ich dich anspreche – einfach so: Herodes. Das entspricht nicht den Normen der Höflichkeit und ist gegen alle Etikette. Ich weiß, ich weiß! Man darf dich nur ansprechen, wenn du großmütig das Zeichen dazu gegeben hast. So kannst du dir allerlei vom Hals halten. Manchmal hätte ich auch gern ein solches Vorrecht.

Ich weiß, dass man dich nicht einfach mit „Herodes" anspricht. Das geht nur beim Fritz oder Hans oder Peter. Dich spricht man mit „Königliche Hoheit" an. Oder noch besser mit „Majestät". Dennoch spreche ich dich an und sage einfach „Herodes". Ich bin so frei!

Als dein Untertan müsste ich jetzt wohl mit den härtesten Strafen rechnen. Aber zwischen dir und mir liegen Jahrhunderte, ja sogar Jahrtausende. Runde zwei Jahrtausend. Diese Distanz erlaubt aber auch dir, ohne Verärgerung und Wut auf mich zu hören.

Ich möchte dich wirklich nicht belehren! Wie sollte ich auch? Nur einige Gedanken möchte ich mit dir austauschen. So ganz ungezwungen und ganz offen. Alles Drum-herum-Reden bringt doch nichts. Nicht wahr, du bist doch auch für Offenheit. Oder?

So offen wie diese drei Gelehrten, die damals aus der Gegend von Persien oder Mesopotamien zu dir gekommen sind. Du erinnerst dich? Hätte mich auch gewundert. So etwas vergisst man nicht. Man gäbe zwar viel dafür, wenn man bestimmte Dinge vergessen könnte. Aber ...! „Wo ist der neugeborene König der Juden? Wir haben seinen Stern gesehen im Morgenland und sind gekommen, ihn anzubeten."

Ich kenne diese Worte nur aus dem Bericht des Evangelisten Matthäus. Du aber zitierst sie aus dem Gedächtnis, als wäre es gestern gewesen, dass dir dies geschah.

Ein neugeborener König? Das hat dich aus den Angeln gehoben. Das brachte die Grundfesten deiner Existenz ins Wanken. Du sahst dich bereits von deinem Thron gestoßen. Aber, Herodes, du bist nicht der erste und du wirst nicht der letzte Mensch sein, der durch den Neugeborenen in Frage gestellt wird. Der Neugeborene hat dir nur ins Bewusstsein gerückt, dass du längst ohne alles Leben bist. Hast du überhaupt jemals wirklich gelebt? Gibt es denn Leben ohne den Neugeborenen? Herodes, weshalb jagt dir der Neugeborene einen solchen Schrecken ein? Warum kämpfst du gegen ihn? Er will dir doch nicht das Leben nehmen. Er will es dir bringen! Deinen wackeligen Thron kannst du behalten. Er macht ihn dir nicht streitig. Er will einen ganz anderen Thron von dir.

Verzeih meine direkte Art. Wir hatten ja abgemacht, offen miteinander zu reden. Der Thron deines Lebens, Herodes, der ist eine Nummer zu groß für dich. Darauf gehört der Neugeborene! Aber du hast dich anders entschieden. Du bist nicht dem Stern gefolgt, nur den Sternchen. Der Stern hätte dich zu dem Neugeborenen geführt, zum Erlöser. Nun bist du den Sternchen gefolgt. Den Sternchen an deinem Hof. Den Sternchen unter deinen Höflingen und Günstlingen. Den Sternchen deiner Eitelkeit und Selbstherrlichkeit. Aber das alles waren Sternschnuppen. Sie sind alle verblasst, verschwunden. Auch du bist nur noch ein Schattenbild. Man redet zwar noch von dir an jedem Weihnachtsfest. Aber es ist ein ärmliches Bild, das du abgibst. Kein Kind will im Weihnachtsspiel deine Rolle spielen.

Herodes, du hast den Neugeborenen nicht angenommen. Du bist nicht zu ihm gekommen, obwohl er zu dir kommen wollte. Du hast vom Neugeborenen nicht das Leben empfangen, du hast nur den anderen Neugeborenen das Leben genommen. Den neugeborenen Kindern von Bethlehem. Verstehst du jetzt, weshalb ich nur „Herodes“ sage? „Königliche Hoheit“ sage ich zu einem anderen, zum Neugeborenen.

Und Gott befahl ihnen im Traum, nicht wieder zu Herodes zurückzukehren; und sie zogen auf einem anderen Weg wieder in ihr Land.
(Matthäus 2,12)

Andere Wege

Nach ihrem Besuch bei dem Kind in der Krippe, dem neugeborenen König, machten sich die Weisen auf den Heimweg. Herodes, dieser schlaue Fuchs, hatte sie gebeten, doch bitte bei ihm vorbeizukommen und von diesem neugeborenen König zu berichten, damit auch er hingehen und das Kind anbeten könne (Matthäus 2,7-8).
Gott selber sorgte vor, dass die Weisen einen anderen Weg einschlugen: Ein Engel befahl ihnen im Traum, dass sie nicht zu Herodes zurückkehren, sondern einen anderen Heimweg wählen sollten. Und sie taten es.

Manchmal zeigt uns Gott andere Wege, als wir sie uns vorgestellt und ausgedacht hatten. Wir drehen Schleifen, gehen Umwege, empfinden es als Zick-Zack-Weg oder sogar als Rückschritt. Manche Umwege werden wir vermutlich erst später erkennen. Hier und heute gilt es, den Weg zu gehen, der uns gezeigt wird.

Der andere Weg

Ein Weg nur führt zu Gott.
Hirten und Weise gehen ihn:
Kind in der Krippe, Mann am Kreuz.

Man kann – von Herodes kommend –
zur Krippe finden.
Man kann von der Krippe kommen –
und nicht wieder zu Herodes gehen.

Die innere Weisung
führt auf einen anderen Weg.
Herodes wird vergeblich warten.

Gehe den dir gewiesenen Weg!

Gibt es auf Ihrem Lebensweg Umwege, Sackgassen, Rückschritte, völlig neue Wege, die für Sie eigentlich nicht denkbar gewesen wären?

. . . .

. . . .

Sind Sie nach einer Gottes-Begegnung einen anderen Weg weitergegangen?

. . . .

. . . .

Denn meine Augen haben
deinen Heiland gesehen,
den du bereitet hast vor allen
Völkern, ein Licht, zu
erleuchten die Heiden und
zum Preis deines Volkes Israel.
(Lukas 2,30-31)

29. Dezember

Meine Augen haben deinen Heiland gesehen

Wie lange hat er schon gewartet, gehofft, dass es endlich soweit ist? Simeon hat sich nicht entmutigen lassen, er hat weiter gewartet. Ob er Angst hatte, dass es vergeblich ist? Bei wie vielen neugeborenen Kindern hat er sich vielleicht gefragt, ob es der versprochene Retter ist? Simeon wartet. In ihm lebt die Sehnsucht nach dem Trost Israels, und er kann es zulassen, dass diese Sehnsucht sein Leben bestimmt. Was löst das in mir aus, wenn ich auf mein Leben schaue:

- Was ist meine tiefste Sehnsucht?
- Worauf warte ich?
- Hat meine Sehnsucht mit Gott zu tun?

Lukas, dem Schreiber des dritten Evangeliums, ist dieses Warten eines alten Mannes eine Meldung wert. Nur ganz wenige Sätze erfahren wir

über Simeon: Ein alter Mann, fromm, gottesfürchtig und – er wartet! Damit zeigt uns Gott, was ihm wichtig ist: keine spektakulären Aktionen, keine großen Versammlungen – einfach ein Mann, der auf den Heiland der Welt wartet.
Hören und Warten – passt das zu meinem Leben? Oder ist es ein netter frommer Wunsch für ein paar beschauliche Tage zwischen den Jahren? Mit meinem Alltag hat Hören und Warten in der Regel nicht so viel zu tun: Planen, organisieren, präsentieren entspricht doch viel eher meinem Leben. Wo haben Hören und Warten eine echte Chance?

Vater im Himmel,
lass mich still werden bei dir.
Ich möchte so gerne warten
und hören, was du mir sagst,
und spüre zugleich,
wie schwer es mir fällt.
Etwas zu tun, fällt mir oft viel leichter.
Hilf mir, dieses Warten auszuhalten,
damit ich höre, was du mir sagen willst.
Amen.

Herr, ich warte auf dein Heil!

So sagte es Simeon.
Und er glaubte an Gottes neues Reich.

Auf Anregung des Geistes
wurde er in den Tempel geführt
und fand das Kind.

Ich warte auf die Anregung des Geistes,
damit ich die Zeit erkennen
und die Schritte tun kann, die nötig sind.

Werde ich den Herrn erkennen,
wenn er in der Gestalt des Kindes
durch armselige Menschen
mir begegnen will?

Haben Sie solche Anregung des Geistes auch schon erlebt? Erinnern Sie sich an Menschen, die für Sie gebetet und gehofft haben?

Als sie aber hinweggezogen waren, siehe, da erschien der Engel des Herrn dem Josef im Traum und sprach: Steh auf, nimm das Kindlein und seine Mutter mit dir und flieh nach Ägypten und bleib dort, bis ich dir's sage.
(Matthäus 2,13)

30. Dezember

Flucht nach Ägypten

Das wunderbare Geschenk des Neuanfangs Gottes mit den Menschen war von Anfang an gefährdet und wurde bekämpft. Überall, wo Gottes Geist neues Leben schafft, wo sich Gottes Reich ausbreitet und sichtbar wird, ist es auch umkämpft. Gott selber hält seine starke Hand über dem neuen Leben, das durch ihn in die Welt hinein geschenkt wurde. Manchmal gilt es, die Schwierigkeiten durchzustehen und auszuhalten. Aber es kann auch heißen: Geh aus der Gefahrenzone weg!

Josef erhielt die Anweisung im Traum, aufzubrechen und das Kind Jesus mit Maria nach Ägypten in Sicherheit zu bringen. Das war keine leichte Sache. Er kam als Flüchtling in ein fremdes Land und musste sich dort eine Existenz aufbauen, um seine Familie durchzubringen. Nach einigen Jahren hörte er dann die Entwarnung und kehrte zurück in seine Heimat (Matthäus 2,19-23).

Er ließ sich wieder in Nazareth nieder und übte seinen Beruf als Zimmermann aus. Sie lebten als normale jüdische Familie. Dass ihr Sohn Jesus eine besondere Berufung hatte, wurde wohl immer wieder einmal deutlich. Erzählt wird uns aus der Kindheit Jesu nur die Begebenheit im Tempel, als Jesus mit den Schriftgelehrten spricht und die Heimkehr vergisst. Auf den Vorwurf der Eltern, warum sie ihn drei Tage suchen mussten, antwortet er: „Habt ihr nicht gewusst, dass ich im Haus meines Vaters sein muss?" (Lukas 2,49 GNB)
Da hat Maria ganz bestimmt an alle Worte und Ereignisse rings um die Geburt Jesu gedacht und war nicht erstaunt, dass Jesus zunahm „an Weisheit, Alter und Gnade bei Gott und den Menschen" (Lukas 2,52)!

Fliehen oder bleiben?

Verstecken
oder dazu stehen?
Im Stillen oder öffentlich?
Konfrontation umgehen
oder Widerstand aushalten?

Flucht nach vorne
oder Flucht nach hinten?
Herausfordern
oder sich im Glauben bücken?

Wo ist unser Ägypten?

Fliehen oder bleiben? Ausweichen oder mich den Schwierigkeiten stellen? Wie ist das für mich?

. . . .

. . . .

. . . .

. . . .

Wohl den Menschen, die
ich für ihre Stärke halten und
von Herzen dir nachwandeln!
Wenn sie durchs dürre Tal
ziehen, wird es ihnen zum
Quellgrund, und Frühregen
hüllt es in Segen. Sie gehen
von einer Kraft zur anderen
und schauen den wahren
Gott in Zion.
(Psalm 84,6-8)

Zum guten Schluss!

Es sind schon besondere Stunden, die letzten Augenblicke eines Jahres. Selbst an pragmatischen Zeitgenossen gehen sie nicht spurlos vorüber. Wie gestalten Sie den Jahreswechsel? Was brauchen Sie, und worauf möchten Sie nicht verzichten? Haben Sie sich in diesem Jahr vielleicht etwas Besonderes vorgenommen?

Mir tut ein Gottesdienst gut, um das zurückliegende Jahr abzuschließen. Gemeinsam mit anderen zu sprechen: „Unsere Hilfe steht im Namen des Herrn, der Himmel und Erde gemacht hat!“, hilft mir, dankbar Abschied zu nehmen und beherzt die Schwelle zum neuen Jahr zu übertreten.

In den letzten Stunden begleitet mich Psalm 84: Diese Verse beginnen mit einer Seligpreisung: Wohl den Menschen die dir nachwandeln, die sich auf den Weg machen, dich zu suchen. Wohl denen, die darin Kraft und Stärke finden, deren Leben „ein Pilgerweg" zum lebendigen Gott ist. Auch wenn es eng wird, bekommen sie neue Kraft. Das sind Worte, von denen ich leben kann. Ich muss nicht alleine gehen, da ist jemand an meiner Seite:

„Denn Gott der Herr ist Sonne und Schild; der Herr gibt Gnade und Ehre. Er wird kein Gutes mangeln lassen den Frommen. Herr Zebaoth, wohl dem Menschen, der sich auf dich verlässt!" (Psalm 84,12-13)

Wofür danken Sie Gott am Ende dieses Jahres? Worum bitten Sie ihn?

. . . .

. . . .

. . . .

. . . .

. . . .

. . . .

. . . .

Nun lasst uns gehn und treten
mit Singen und mit Beten
zum Herrn, der unserm Leben
bis hierher Kraft gegeben.

Wir gehn dahin und wandern
von einem Jahr zum andern,
wir leben und gedeihen
vom alten bis zum neuen.

Ach, Hüter unsres Lebens,
fürwahr, es ist vergebens
mit unserm Tun und Machen,
wo nicht dein' Augen wachen.

Sprich deinen milden Segen
zu allen unsern Wegen,
lass Großen und auch Kleinen
die Gnadensonne scheinen.

(Paul Gerhardt, 1607-1676)

Zwischen alt und neu
zwischen Vergangenheit
und Zukunft
passen
tausend Ängste
Vorsätze
Befürchtungen

oder

ein Engelsflügel
die Berührung
Deiner Hand:
Fürchte dich nicht!

Ich bin das A und das O,
spricht Gott der Herr,
der da ist und der da war
und der da kommt,
der Allmächtige.
(Offenbarung 1,8)

1. Januar

Neujahr

Anfang und Ende

„Vom Anfang bis zum Ende hält Gott seine Hände über mir und über dir. Ja, er hat es versprochen, hat nie sein Wort gebrochen, glaube mir, ich bin bei dir!" Dieses Kinderlied mag ich sehr in seiner einfachen und klaren Aussage. Aber es gibt Wahrheiten, die erscheinen so selbstverständlich, dass man meint, das Verstehen geht wie von selbst. Was kann mir helfen, diese Wahrheit Gottes über meinem Leben wirklich zu erfassen? Und was ist mit „vom Anfang bis zum Ende" gemeint?

Am Beginn eines neuen Jahres scheint es klar zu sein, natürlich, vom ersten bis zum letzten Tag des Jahres. Aber dieses Anfangen und Beenden gilt auch an jedem neuen Tag – es sind Grundkräfte unseres Lebens. Ich kann nicht leben, wenn ich nicht jeden neuen Tag wieder anfange und diesen am Abend wieder beschließe. Ich muss Altes loslassen, zum Schluss kommen, damit Neues werden kann.

Anfangen ist wichtig – Beenden aber genauso. Es tut mir gut, immer wieder sagen zu können: Das ist jetzt abgeschlossen. Es liegt hinter mir. Wenn ich etwas abgeschlossen habe, entsteht auch Raum für etwas Neues. Da ist etwas zu Ende gelebt, und jetzt kommt etwas anderes.

Und nun spricht Gott mir zu: „Ich bin das A und das O, spricht Gott der Herr, der da ist, und der da war und der da kommt, der Allmächtige!"
Bei allem Anfangen und allem Beschließen bin ich in deiner Nähe. Vom ersten Atemzug an und wenn dein Leben zu Ende geht – vollendet wird –, bin ich da.

Der du allein der Ewge heißt
und Anfang, Ziel und Mitte weißt
im Fluge unsrer Zeiten:
bleib du uns gnädig zugewandt
und führe uns an deiner Hand,
damit wir sicher schreiten.

(Jochen Klepper, 1903–1942)

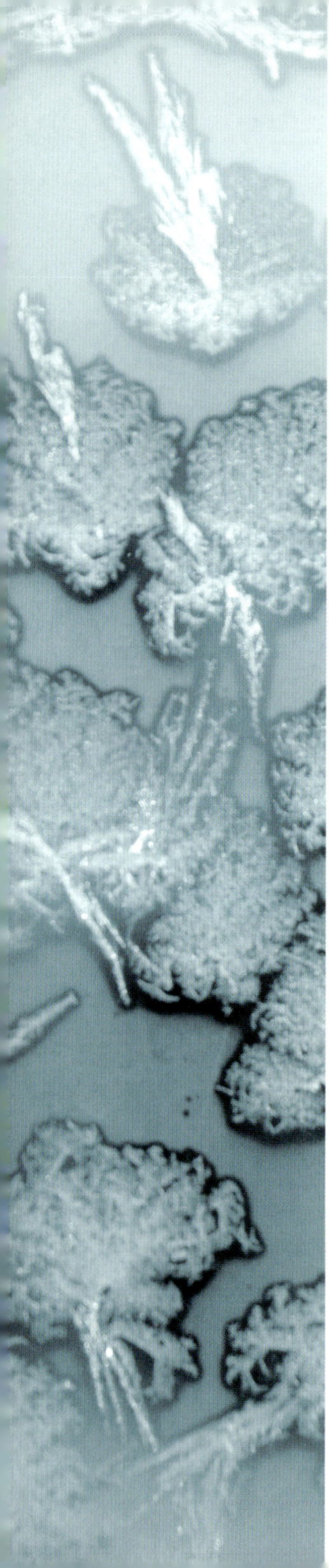

Von Scholle zu Scholle durch das neue Jahr

In diesen Tagen bekommen wir viele gute Wünsche zum neuen Jahr: „Guten Rutsch“, „Frohes, neues Jahr“ oder „Gottes Segen zum neuen Jahr“. Mehr oder weniger bewusst sagen wir uns so manches Nette. Und ich merke, ich nehme sie gerne, diese guten Wünsche.

Für die 365 Tage, die vor mir liegen, kann ich sie gut gebrauchen. Denn neben manchem, was ich geplant habe, wird wie immer auch einiges Ungeplante dazukommen. Da beschleichen mich viele Fragen: Bin ich dem gewachsen, was kommt? Worüber freue ich mich, was testet mich vielleicht auch ganz gewaltig? Deshalb brauche ich gute Wünsche, aber vor allem auch Worte, die tragen, mich ermutigen, trösten, aber auch herausfordern, das Leben zu wagen. Hinter diesen Worten steckt oft auch eine tiefe Sehnsucht meines Herzens: Das wünsche ich mir, darauf hoffe ich.

Welche Worte, welche Sätze würden Sie auswählen? Was sind für Sie momentan Schlüsselworte, die Sie ganz besonders ermutigen? Oder welches Wort brauchen Sie einfach nur für den nächsten Schritt? Um von Scholle zu Scholle den Weg zu finden. Dazu habe ich eine kleine Geschichte gelesen:

Als Jiri Izrael, einer der Stillen im Getümmel der Welt, vor Ostern im Jahre fünfzehnhundertneunundfünfzig bei Torun über die gefrorene Weichsel ging, begann vor seinen Füßen plötzlich das Eis zu brechen. Und Jiri Izrael sprang von Scholle zu Scholle und sang dabei den Psalm:

VERTRAUEN
FREUDE
GLÜCK
MUT
LIEBE

Lobet im Himmel den Herrn,
lobet ihn in der Höhe,
von Scholle zu Scholle.

Lobet ihn, all seine Engel,
lobet ihn, all sein Heer,
von Scholle zu Scholle.

Lobet ihn, Sonne und Mond,
lobet ihn, alle leuchtenden Sterne,
von Scholle zu Scholle.

Lobet ihn, ihr Himmel aller Himmel
und ihr Wasser über dem Himmel,
von Scholle zu Scholle.

Lobet den Namen des Herrn, alle Dinge,
denn er gebot, da wurden sie geschaffen,
von Scholle zu Scholle.

Lobet den Herrn auf Erden,
ihr großen Fische und alle Tiefen des Meeres,
von Scholle zu Scholle.

Lobet den Namen des Herrn,
denn sein Name allein ist hoch,
seine Herrlichkeit reicht, soweit der Himmel ist.

Und so gelangte Jiri Izrael aus der Strömung des Flusses glücklich ans Ufer.

(Jiri Izrael: geb. etwa 1500 in Hersky Brod; gest. 1588 in Mähren; Priester, Missionar und Senior der Brüder-Unität in Polen)

Ein neues Jahr, neue Möglichkeiten, mich auf den Weg zu machen. Es sind ja nicht nur die großen Aufbrüche, sondern auch die vielen kleinen Schritte, die dazugehören. Aber ich muss losgehen. Wege entstehen, indem ich sie gehe. Oft vielleicht nur von Scholle zu Scholle konzentriert auf den nächsten Schritt. Gott hat mir zugesagt, mich zu begleiten, in meiner Nähe zu sein. Glaube ich seinen Worten? Vertraue ich seiner Zusage?

Sei mutig und entschlossen, hab keine Angst
und lass dich durch nichts erschrecken;
denn ich, der Herr, dein Gott,
bin bei Dir, wohin Du auch gehtst!
(Josua 1, 9 GNB)

Aufbrechen

Mutig und entschlossen! Das hatte Josua nötig. Es klingt initiativ, so, wie ich mir einen guten Leiter vorstelle. Wenn er sich schon nicht traut, was sollen dann erst die anderen sagen? Aber mutig und entschlossen, das wünsche ich mir doch auch, ohne dass ich besonders herausragende Aufgaben erfüllen muss. Mutig und entschlossen in ein neues Jahr zu gehen – das wär's doch!

Aber es ergibt sich nicht von selbst. Und auch der Appell „Nun trau dich doch mal!" hilft vermutlich nur bedingt. Da bin ich ehrlich gesagt froh, dass es Josua auch so erging. Er war kein Überflieger, der von sich aus in der Lage war, ein großes Volk zu führen. Neues Land zu betreten, war auch für ihn ganz bestimmt mit vielen Fragen und Zweifeln verbunden. Gott wusste das und hat vorgesorgt. In 5. Mose 34,9 heißt es, dass Mose Josua die Hände aufgelegt hat und Josua mit dem Geist der Weisheit erfüllt wurde.

Und jetzt verteilt Gott ein neues Lebensgebiet. In den Versen 4-5 wird das Land weiter beschrieben, als es jemals eingenommen wurde. Gott macht aber deutlich, den Fleck, den ihr betretet, werde ich euch geben. Ein neues Lebensgebiet? Klingt da etwas in Ihnen an? Was könnte das für Sie bedeuten, mutig und stark Land einzunehmen? Ohne den Bibeltext an dieser Stelle zu stark zu strapazieren, haben gerade diese Verse schon viele Menschen ermutigt, Übergänge im Leben zu bewältigen: in einer neuen Lebensphase, bei einem Berufswechsel oder einem Ortswechsel. Und das mutig und stark!

Mehrmals wird Josua dazu ermutigt. Dabei ist es kein Appell an seine persönlichen Qualitäten, sondern Verheißung Gottes. Ängstlich und verzagt zu sein, wäre Misstrauen gegen das, was Gott ihm versprochen hat: „Ich werde dir dein Leben lang zur Seite stehen, genauso wie ich Mose zur Seite gestanden habe. Niemals werde ich dir meine Hilfe entziehen, dich nie im Stich lassen. Sei mutig und entschlossen" (Verse 5-6).

Mutig und entschlossen zu sein – wo wünsche ich mir das im neuen Jahr?
Glaube ich den Worten Gottes über meinem Leben?

. . . .

. . . .

. . . .

Und er fing an, zu ihnen zu reden: Heute ist dies Wort der Schrift erfüllt vor euren Ohren. (Lukas 4,21)

Heute

Eine erfrischend kurze Predigt, oder? Jesus kommt nach Nazareth, wo er aufgewachsen ist, und geht wie gewohnt in die Synagoge. Sie reichen ihm das Buch des Propheten Jesaja. Er liest – und sagt dann nur diesen einen Satz: „Heute ist dies Wort der Schrift erfüllt vor euren Ohren!" Danach gibt er das Buch zurück und setzt sich. Stellen Sie sich diese Situation bitte einmal vor: Was haben die Menschen wohl gedacht? Hätte Jesus es ihnen nicht ein wenig leichter machen können, ihnen diplomatisch eine Brücke bauen können? Was steckt dahinter?

Für Lukas ist dieses „Heute" wesentlich. Von den 41 Bibelstellen, in denen „Heute" im Neuen Testament vorkommt, finden wir 20 in seinem Evangelium und in der Apostelgeschichte. Natürlich steht es dort manchmal nur als Zeitangabe, aber immer wieder verbindet sich damit eine wichtige inhaltliche Aussage: Zum Beispiel, wenn Jesus zu Zachhäus sagt: „Heute" muss ich dein Gast sein! Und „heute" ist Gottes Heil zu dieser Familie gekommen! (Lukas 19,5+9)

Die Botschaft des Lukas ist, dass das Kommen des Messias keine Geschichte der Vergangenheit ist, sondern heute, hier und jetzt gilt. Denken Sie an die Weihnachtsgeschichte: „Euch ist heute der Heiland geboren!" Oder an einen der beiden Männer am Kreuz, zu dem Jesus sagt: „Heute noch wirst du mit mir im Paradies sein!" (Lukas 23,43). Heute! Damit fasst Lukas etwas Wesentliches zusammen. Für mich zeigt sich darin etwas von dem Geheimnis unseres Glaubens, dass dieses „Heute" auch jetzt noch möglich ist.

Dieses „Heute" kann aber auch eine sehr praktische Lebensrelevanz entfalten. Papst Johannes XXIII (1881-1963) hat einmal zehn Gebote der Gelassenheit formuliert, die jeweils beginnen: Nur für heute! Was würde diese Konzentration, dieses Mich-Beschränken auf diesen Tag verändern? Wieviel Entspannung und Gelassenheit liegen darin, wenn ich jetzt und heute lebe? Nur für heute? Wie würden Sie diesen Satz ergänzen?

Genau genommen,
leben sehr wenige Menschen
in der Gegenwart. Die meisten
bereiten sich vor,
demnächst zu leben.

(Jonathan Swift)

Meine Vergangenheit kümmert
mich nicht mehr. Sie gehört dem
göttlichen Erbarmen.
Meine Zukunft kümmert mich
noch nicht. Sie gehört der
göttlichen Vorsehung.
Was mich kümmert
und was mich fordert,
ist das Heute, das gehört
der Gnade Gottes und
der Hingabe meines Herzens.

(Franz von Sales)

Er gibt dem Müden Kraft
und die Schwachen macht
er stark. Selbst junge Leute
werden kraftlos, die Stärksten
erlahmen. Aber alle, die auf
den Herrn vertrauen, bekommen immer wieder neue Kraft,
es wachsen ihnen Flügel wie
dem Adler. Sie gehen und
werden nicht müde, sie laufen
und brechen nicht zusammen.
(Jesaja 40,29-31 GNB)

4. Januar

Woraus kann ich schöpfen?

Woraus kann ich schöpfen? Woher bekomme ich die Kraft, die ich so nötig habe? Mein Leben ist doch kein Sprint, den ich mal so eben hinlege – eher ein Marathon, bei dem ich mir die Kräfte einteilen muss. Und manches Mal habe ich meinen Tank leergefahren. Wie können mir diese Worte weiterhelfen?

Der Prophet tröstet und ermutigt das niedergeschlagene Volk. Lesen Sie doch einmal das ganze Kapitel. Er erinnert das Volk daran, was das für ein Gott ist, dem sie vertrauen:

Es ist der ewige Gott, der die Erde erschaffen hat (Vers 28). Und es liest sich fast wie eine Beweisführung, die er antritt, um das Volk zu überzeugen.

Wann haben Sie Gott zuletzt gefragt: „Sag mal, machst du deine Zusagen wahr?“ Nicht nur Antworten, auch Fragen zur richtigen Zeit bringen mich weiter. Nicht nachzulassen, sich auch nicht mit vorschnellen Antworten zufriedenzugeben.

Und dann beschreibt der Prophet ein großartiges Bild: Diejenigen, die Gott vertrauen, gewinnen neue Kraft. Wie dem Adler nach der Mauser neue Schwingen wachsen, beschenkt er sein Volk mit neuen Kräften. Es ist kein Wort für die, die vor lauter Kraft kaum laufen können. Aber Müde und Erschöpfte sind hier gut aufgehoben.

Hilf mir, Herr,
die Verworrenheit der Dinge
durch die Klarheit des Glaubens
zu lichten. Und, was schwer
auf mir lastet, durch die Kraft
des Vertrauens zu verwandeln.
Dass ich von dir geliebt bin,
ist Antwort auf jede Frage.
Gib, dass mich diese Antwort
sicher macht, wenn das
Weitergehen schwerfällt.

Romano Guardini

Der Herr segne dich und behüte dich.
Der Herr lasse sein Angesicht leuchten über dir
und sei dir gnädig,
der Herr hebe sein Angesicht über dich
und gebe dir Frieden.
(4. Mose 6,24-26)

Wenn Gottes Augen leuchten

Vor Kurzem bin ich bei einem Einsatz einem Mann begegnet, der einen so freundlichen und warmherzigen Blick hatte, den ich sicher nicht vergessen werde. Keine Gefahr – er ist deutlich älter und ich bin glücklich verheiratet. Für mich war es aber ein Bild dafür, wie Augen strahlen können und wie wohl mir das tut. Und genau das passiert am Ende des Gottesdienstes. Bei jedem

Segen, den wir empfangen, leuchten Gottes Augen über uns.

Haben Sie sich das schon einmal vorgestellt, wenn Sie am Ende des Gottesdienstes den Segen empfangen? Oft schauen wir dabei ja eher gebeugt nach unten und haben die Augen geschlossen, wenn der Segen gesprochen wird. Dabei strahlt an dieser Stelle doch etwas von der Liebe und dem Zuspruch Gottes zu mir. Und das nicht nur einmal, sondern an jedem Sonntag neu.

In einer jüdischen Übersetzung dieser Verse heißt es: „Der Ewige segne dich und behüte dich. Der Ewige lasse sein Antlitz dir leuchten und sei dir gnädig. Der Ewige wende sein Antlitz dir zu und gebe dir Glückseligkeit." Gott selbst als derjenige, der schon immer war und immer sein wird, und doch der Gott, der sich mir persönlich zuwendet. Was stellen Sie sich normalerweise vor, wie Gott sie ansieht? Haben Sie es sich überhaupt schon einmal vorgestellt, oder ist Ihnen diese Sichtweise vielleicht sehr fremd?

Segen bedeutet: Gott spricht es mir zu: Ich freue mich, dass du da bist. Meine wohlwollende Gegenwart ist dir sicher. Das ist der Blick der Güte Gottes über Ihrem und meinem Leben. Es ist der Blick, der uns rechtfertigt, sodass wir uns nicht selbst rechtfertigen müssen. Mir hilft es, mich bei jedem Segen, den ich empfange, daran zu erinnern!

Wie wäre es, diesen Gedanken, diese Vorstellung mitzunehmen in das neue Jahr? Und immer wieder diese Liebe, diesen Zuspruch zu empfangen?

Die Finsternis vergeht, und das wahre Licht scheint jetzt.
(1. Johannes 2,8b)

Gott erscheint in dieser Welt

„Nur in der Nacht siehst du die Sterne." Stimmt, und einen Sternenhimmel im Winter finde ich unschlagbar. Aber wenn es Nacht ist, alles dunkel scheint, ich nicht mehr durchblicke, was ist dann? So richtig finster, das macht mir Angst. Über den Jahreswechsel, als es äußerlich ruhiger wurde, meldeten sich einige Ängste in meinem Herzen: Wie wird das nächste Jahr? Schaffe ich das, was von mir erwartet wird? Und was ist, wenn nicht? So war es nicht nur draußen trübe und dunkel, auch in meinem Herzen wurde es finster. Mein erster Impuls ist dann oft: Wie komme ich da wieder heraus? Welche Strategien helfen

mir? Wie kann ich die Fragen und Ängste bewältigen, wie wird es möglichst schnell wieder hell?

Mir hilft, es auszusprechen. So habe ich mich mit einer Freundin getroffen: „Strategien, das klingt so aktiv – ist es das wirklich?“, meinte sie. „Geht es aktuell nicht eher darum, Spannungen auszuhalten? Nicht durch Aktivismus Ersatzlichter anzuknipsen! Zuzulassen und abzuwarten!“

Zulassen, abwarten, bitten, hoffen, dass wirklich etwas hineinleuchtet, auch in meine ganz persönlichen Fragen und Ängste. Das klingt passiv, nach Erdulden – ist es nicht eigentlich etwas zutiefst Aktives? Aber wie geht das, erleuchtet zu werden von dem Licht, das erst in der Nacht wirklich hell erstrahlt? Pfarrer Philipp Nicolai (1556-1608) hat seine Nachterfahrungen in einem Lied vom Morgenstern beschrieben: „Wie schön leuchtet der Morgenstern, voll Gnad' und Wahrheit von dem Herrn!“

Ich werde nicht alles verstehen, begreifen – aber ich möchte mich ergreifen lassen von diesem Licht, das erst in der Nacht so richtig leuchtet. Epiphanias – das Erscheinen Gottes: plötzlich, jetzt, heute! Nicht planbar, überraschend, so meldet sich dieses Licht – auch heute.

Jede dunkle Nacht
hat ein helles Ende.
Persisches Sprichwort

Wie schön leuchtet der Morgenstern ...

Von Gott kommt mir
ein Freudenschein,
wenn du mich mit den Augen dein
gar freundlich tust anblicken.
Herr Jesu, du mein trautes Gut,
dein Wort, dein Geist,
dein Leib und Blut
mich innerlich erquicken.
Nimm mich freundlich
in dein Arme
und erbarme dich in Gnaden;
auf dein Wort komm ich geladen.
(Philipp Nicolai, 1556-1608)

Wir haben seinen Stern gesehen!

Dort, wo die karge Steppe die Wüste davor zurückhält, die Siedlung der Menschen mit ihrem feinen Sand zu überwehen, steht die einsame Hütte Balthasars. Nicht, dass er etwa die Menschen scheute oder verachtete. Bereits sein Vater hatte die Hütte hier erbaut, und er war nach dem frühen Tod der Eltern hiergeblieben.

Balthasar suchte aber auch nicht unnötig die Gesellschaft der Menschen. Es reute ihn die Zeit, die bei leerem Geschwätz vertan wurde. Er liebte die Einsamkeit seiner Hütte. Die Menschen, die bis zu ihm vordrangen, brachten ihm entweder Wolle zum Teppichknüpfen, oder sie holten die geknüpften Teppiche ab. Diese Leute erkannte Balthasar schon von Weitem daran, dass sie mit Kamelen oder Mauleseln kamen, um die Fracht zu tragen. Wer sich ohne Reit- oder Packtier näherte, musste bei ihm mit Zurückhaltung rechnen.

Ausgenommen davon waren nur die drei Gelehrten, die, regelmäßig vom Dorf kommend, den schmalen Weg an seiner Hütte vorbeigingen, wenn sie in die alte Sternwarte wollten. Draußen, wo nur noch Wüstensand den Boden deckte, stand dieses uralte Observatorium, das vor mehr als zwei Menschenaltern von den Persern erbaut worden war. Melchior, Mesach und Demetrius kamen immer dann des Weges, wenn das Wetter eine sternenklare Nacht verhieß. Das war noch ziemlich oft der Fall.

Melchior hatte Balthasar einmal erklärt, dass der Standort der Sternwarte draußen in der Wüste deshalb so gut sei, weil kein Schein eines Lagerfeuers oder das Licht von Öllampen ihre wichtige Arbeit behinderte. So nahmen sie lieber jedesmal den Weg unter die Füße. Draußen bei der Sternwarte wohnen wollten und konnten sie nicht wegen des Sandes.

Mit den Jahren war zwischen Balthasar und Melchior so etwas wie eine Freundschaft entstanden. Gewiss, es waren immer nur wenige Worte und Sätze, die sie miteinander wechselten. Sie waren beide nicht so gesprächig. Und schließlich konnte man auch mit wenigen Worten Wesentliches sagen. Die vielen Worte machen nicht das Gewicht aus, sie mindern oftmals nur den Wert. Wenn sie sich nichts Wichtiges zu sagen hatten, bestand ihr Gruß nur in einem Nicken oder freundlichen Lächeln.

Ganz anders war es mit Mesach und Demetrius. Beide stammten aus fremden Ländern. Mesach war in Persien geboren, Demetrius im Lande der untergehenden Sonne, dort, wo ein anderes großes Wasser seine Wellen an die Ufer spülte. Durch schicksalhafte Führung waren sie mit Melchior zusammengetroffen und hatten sich in gemeinsamen Aufgaben und Interessen gefunden. Aber sie waren sehr unterschiedliche Menschen. Mesach und Demetrius sprachen nicht mit Balthasar. Sie schauten kaum auf, wenn sie an seiner Hütte vorübergingen. Sie lächelten auch nicht. Wahrscheinlich waren sie zu sehr in ihre Gedanken versunken und sannen ihren Forschungen nach. Und wahrscheinlich war ihnen Balthasar zu einfach und zu ungelehrt. Er hatte natürlich keine Schule besucht und konnte kaum mitreden, wenn sie von ihren Sternenkonstellationen sprachen.

Auch Melchior war anfänglich wortlos an Balthasar vorbeigegangen. Er weiß es selbst nicht mehr, wann sie das erstemal miteinander gesprochen hatten. Er weiß nur noch, dass er mächtig darüber erstaunt war, dass in diesem einfachen Teppichknüpfer eine solche Weisheit war. Melchior war damals weitergegangen und hatte leise vor sich hingesagt: Das ist wirklich ein weiser Mann! Balthasar war es ähnlich ergangen. Er war in seine Hütte zurückgekehrt und hatte gedacht: wirklich ein hochgelehrter Mann! Und beide hatten recht. Melchior hatte sich durch seine Forschungen ein enormes Wissen über die Sternenwelt angeeignet – Balthasar hatte durch viele Beobachtungen und viel Nachsinnen eine Lebensweisheit erworben, die man nicht bei ihm vermutet hätte.

Balthasar saß vor seinem Knüpfrahmen an der Arbeit, als er in der Ferne die Gestalt eines Mannes auf seine Hütte zukommen sah. Wer würde jetzt am hellen Mittag vorbeikommen? Melchior, Mesach und Demetrius gingen immer erst am frühen Abend dieses Weges. Nein, er täuschte sich nicht, es war Melchior. Ein besonderer Grund musste ihn zu diesem außerplanmäßigen Gang bewegen. Wenige Schritte vor der Hütte Balthasars rief er ihm den Gruß zu. Er wollte nicht vorbeigehen, sondern zu Balthasar einkehren. Ganz gegen ihre Gewohnheit wechselten sie einige belanglose Worte, sprachen dann von Teppichen und Sternen. Ganz so belanglos war für Melchior das Vorspiel nicht. Es war sozusagen die Einleitung zu dem, was er nun Balthasar mitteilen wollte.

„Verzeihe, Balthasar, wenn ich deine Zeit beanspruche, noch ehe die Sonne sich dem Horizont zuneigt. Doch ich muss dir sagen, was schon längere Zeit mein Herz erfüllt. Wir haben nach gründlichen Forschungen in alten Schriften und nach genauen Beobachtungen der Sternenkonstellation herausgefunden, dass in Bälde ein großer König geboren werden wird. Die Sterne deuten auf einen König hin, wie es ihn bisher nie gab. Auch Salomo, Xerxes und Darius werden in ihrer Größe verblassen gegen den König, der kommen wird. Er wird mehr sein als ein König – er wird ein Gott-König sein. Doch Balthasar, glaube mir, die Sterne trügen uns nicht. Bereits ist ein Stern aufgezogen – noch sieht man ihn nicht mit bloßem Auge –, der die Geburt dieses König aller Welt künden wird."

Melchior war richtiggehend in einen Eifer geraten. So hatte ihn Balthasar noch nie erlebt. Es musste wirklich ein besonderes Ereignis bevorstehen. „Nach langen Überlegungen" so fuhr Melchior fort, „sind wir zu dem Entschluss gekommen, diesen neugeborenen König aufzusuchen. Wir wollen sehen, ob unsre Forschungen stimmen und wollen uns diesem mächtigen König empfehlen."

Balthasar musste sich das zunächst anhören und darüber nachsinnen. Doch unvermittelt sagte er dann zu Melchior: „Gebt euer Vorhaben auf! Wenn ihr den König, der ein Gott sein soll, nur aufsuchen wollt, um eure Berechnungen zu bestätigen und Nutzen für euch zu erwerben, werdet ihr den Neugeborenen nicht finden. Das Göttliche findet nur, wer von göttlichen Gedanken bewegt wird. Euer Wissen führt euch nicht zum Ziel. Die Tür zu diesem Geheimnis liegt nur in der Demut und in der Bereitschaft der Unterwerfung." Melchior schaute Balthasar entgeistert an. Bei sich aber dachte er: Er ist wirklich ein Weiser! Zu Balthasar aber sagte er: „Du hast

recht, Balthasar – einen solchen König kann man nur verehren. Was uns darüber zuteilwird, das ist Gnade!“ Balthasar nickte bestätigend. „Ich habe dir dies alles jedoch nicht mitgeteilt“, fuhr Melchior fort, „um unsere Abwesenheit für viele Neumonde zu erklären. Ich trage einen tiefen Wunsch in meinem Herzen. Du weißt, ich bin alt, und meine Gesundheit hat nachgelassen. Eine solch weite Reise steht mir eigentlich nicht zu. Doch was soll mir noch das Leben bedeuten, wenn ich das größte Ereignis meines Lebens verpasse? Ich muss zum König ziehen! Meine Bitte an dich, Balthasar, ist folgende: Begleite mich auf diese Reise! Es soll dir nicht zum Schaden gereichen.“ „Um Lohnes willen werde ich dich nicht begleiten“, sagte Balthasar, „doch wenn ich dir helfen kann, will ich gerne die Reise auf mich nehmen. Du weißt, dass ich noch nie in meinem Leben weiter als eine Tagesreise von meiner Hütte entfernt war. Doch die Reise meines Herzens führte mich schon in ungeahnte Weiten. So soll diese Reise auch eine Reise des Herzens werden!“

Melchior freute sich über diesen Bescheid und wusste zugleich, dass er den richtigen Begleiter gefunden hatte. Bald darauf zogen vier Kamele mit ihren Reitern in die Ferne: Melchior und Balthasar, Mesach und Demetrius. Schon bald waren es zwei Grüppchen. Mesach und Demetrius zogen voraus. Sie wollten nicht mit diesem Teppichknüpfer sprechen. Melchior und Balthasar ritten schweigend nebeneinander. Wenn sie etwas sprachen, ging es um den Stern und den König.

Einmal sagte Balthasar zu Melchior: „In unserem Volk geht eine Geschichte um, dass vor vielen, vielen Generationen einer unserer Vorfahren seine Heimat und sein Vaterhaus in Ur in Chaldäa verlassen hat, weil er dem Anruf des Gottes gefolgt sei, der Himmel und Erde gemacht hat. Ich ahne in meinem Herzen, dass dieser neugeborene König mit diesem allmächtigen Schöpfergott zu tun hat." Melchior hörte aufmerksam zu. Jedem anderen hätte er widersprochen, oder er hätte seine Bedenken kundgetan. Doch bei Balthasar konnte er es nicht. Er wollte es nicht.

Schon viele Tagesreisen waren sie unterwegs. Ihr Weg führte sie zunächst nach Norden, wo sie an einer seichten Stelle den breiten Euphratstrom überqueren wollten. Balthasar fiel auf, dass Melchior in letzter Zeit noch schweigsamer geworden war und in sich zusammengesunken auf dem Kamel saß. Es ging ihm nicht gut. Und dann in der Karawanserei brach es durch. Vom Fieber geschüttelt, lag er auf seinem Strohsack. Er konnte nicht weiterreiten. Balthasar legte ihm nasse Tücher auf die Stirn, doch das Fieber wollte nicht weichen. Mesach und Demetrius waren unwillig. Sie würden sicherlich noch die Geburt des Königs verpassen, wenn sie nicht bald aufbrechen und weiterreisen könnten. Nach langem Hin und Her entschlossen sich die beiden zur Weiterreise.

Für Balthasar war klar, dass er bei Melchior ausharren würde. Mit spöttischen Bemerkungen verließen Mesach und Demetrius die Karawanserei. Sie wollten auf keinen Fall die Chance ihres Lebens verpas-

sen. Sie hörten es nicht mehr, als Balthasar leise sagte: „Wer den Weg der Liebe verlässt, den führt kein Stern ans Ziel!“

Einige Tage schwebte Melchior zwischen Leben und Tod. Doch dann ließ das Fieber nach. Balthasar ging jede Nacht vor das Haus und kam immer mit den gleichen Worten wieder zurück: „Noch steht der Stern leuchtend über uns!“ Eigentlich wollten auch Melchior und Balthasar weiterziehen. Was sie noch zurückhielt, wussten sie selbst nicht. Wie von unsichtbarer Hand gehalten, blieben sie noch in der Karawanserei.

Da kam kurz vor Sonnenuntergang ein einsamer Reiter auf seinem Kamel daher. Balthasar riss die Augen weit auf. Das hatte er noch nie gesehen. Es war ein Mann mit dunkler Haut. Auch sie waren von der Sonne des Südens braun gebrannt. Doch dieser war dunkelbraun von Kopf bis Fuß. Schön gleichmäßig. Melchior erläuterte, dass dieser wohl aus einem Lande käme, in dem alle Menschen so dunkel seien. Es sei eine andere Rasse.

Er war ein freundlicher Mann, dieser Kaspar. Denn so war sein Name. Wie groß war das Erstaunen für alle, als sie erzählten, was sie hierhergeführt hatte. Auch Kaspar war ein Gelehrter, und auch er hatte den Stern gesehen und sich aufgemacht, um den Neugeborenen zu suchen. Er wusste sogar zu berichten, dass vor vielen hundert Jahren eine Königin seines Landes, Kandake hieß sie, einen Besuch bei einem König gemacht hatte, dessen Gott der Gott des Himmels und der Erde sei. Melchior und Balthasar sahen sich an und nickten sich wissend zu. Hierher hat sie nicht nur der Stern geführt, son-

dern der, der die Sterne lenkt! Zusammen zogen sie am nächsten Tag los: Melchior, Balthasar und Kaspar.
Weit war der Weg, der vor ihnen lag. Manche Strapaze erwartete sie noch. Doch in ihrem Herzen waren sie erfrischt und froh – gewiss, auf dem richtigen Weg zu sein.

Nach vielen Wochen zogen sie in Jerusalem ein, der Hauptstadt des jüdischen Landes. Der Stern war stehengeblieben. Sie wussten sich am Ziel, obwohl sie den Neugeborenen noch nicht gefunden hatten. Während sie zum Damaskustor in die Stadt einritten, verließen durch das Jaffator zwei erzürnte Männer die Stadt. Es waren Mesach und Demetrius. Siegessicher waren sie gestern in Jerusalem angekommen, nachdem sie bereits einen Irrweg nach Damaskus hinter sich hatten. Doch weder in Damaskus noch in Jerusalem wusste man etwas von einem neugeborenen König. Wen sie auch fragten, überall erhielten sie nur ein Kopfschütteln. Selbst der Wächter an der Pforte des Tempels wusste von nichts. Man verwies sie nur an den Königshof. Doch diese Blamage wollten sie nicht über sich ergehen lassen. Und so zogen sie unverrichteter Dinge wieder ab. Alles umsonst!

Das aber ahnten Melchior und Balthasar nicht. Ihr Weg ging schnurstracks zum Königshof. Als sie endlich vor dem alten Herrscher standen, konnten sie nur die Worte sprechen: „Wo ist der neugeborene König der Juden? Wir haben seinen Stern gesehen im Morgenland und sind gekommen, ihn anzubeten!"

Doch hier wusste man nichts von einem neugeborenen König. Erst die herbeigerufenen Priester konnten weiterhelfen. Unweit von Jerusalem, in einem kleinen unbedeutenden Dorf – Bethlehem – dort sollte der Messias-König geboren werden.

Melchior war enttäuscht. Hatten sie sich doch geirrt? Sollte der Stern eine andere Bedeutung haben? Balthasar aber blieb ruhig. In ihm wuchs die Gewissheit, dass sie auf dem richtigen Weg waren. Nur hatten sie noch nicht das Ende des Weges erreicht. Seit mehreren Nächten war vom Stern nichts mehr zu sehen. Das hatte ja auch Mesach und Demetrius veranlasst, wieder in die Heimat

zurückzukehren. Doch in der folgenden Nacht war der Stern wieder am Himmel. Die drei zogen los. Es war ein lustiger Zug. Voraus Balthasar, der Teppichknüpfer, dahinter Melchior und Kaspar, die Astronomen. Voraus der Weise, dahinter die Gelehrten! Vorweg der Mann, der seinem Herzen folgte, dahinter die Männer, die zwischen Kopf und Herz pendelten. Doch sie ließen sich führen.

Dass es dann nur ein gewöhnlicher Stall war und dass das Kind in der Futterkrippe lag, verwunderte sie nicht mehr. Sie waren am Ende ihrer Reise angelangt. Sie waren am Ziel.

„Da fielen sie nieder und beteten das Kind an und taten ihre Schätze auf und schenkten ihm Gold, Weihrauch und Myrrhe." Melchior konnte sich nicht vorstellen, dass er etwas Derartiges früher getan hätte. Aber seit er so eng mit Balthasar zusammen war, hatte sich so manches verändert in seinem Leben. Für ihn stimmte, was er jetzt erlebt hatte.
Balthasar wäre am liebsten hier geblieben. Doch die Stimme seines Herzens mahnte zum Aufbruch, und sie wies ihnen einen anderen Weg zurück.

Wer dem neugeborenen König begegnet ist, muss einen anderen Weg weiterziehen!

Weihnachts-Schreibwerkstatt:

Die Sprache ist ein Geschenk von Gott, ein richtiges Wunder! Durch Sprechen, Hören, Schreiben und Lesen können wir uns ausdrücken und einander verständlich machen. Wir geben Wissen, Informationen, Kenntnisse weiter von Generation zu Generation. Gott selber spricht! Seine Worte sind in der Bibel aufgeschrieben. Wir können diese Worte lesen, in uns aufnehmen. Sie verändern unser Leben, zeigen uns den Weg. Unser Glaube beruft sich auf diese Worte Gottes, die andere Menschen vor uns und für uns geschrieben und aufbewahrt haben.

Schreiben ist für mich eine gute Möglichkeit, Gott noch einmal auf eine andere Art und Weise zu begegnen. Und jetzt lade ich Sie herzlich ein, dieses Experiment gerade in der Adventszeit zu wagen! Das Schreiben hilft zur inneren Konzentration auf das Wesentliche. Und man kann seine Gedanken später wieder nachlesen. Nicht zuletzt ist Schreiben auch eine Form von Seelsorge an der eigenen Seele. Es hilft, unsere Erfahrungen und Erlebnisse, unsere Fragen und Ängste zu durchdenken, zu verarbeiten, einzuordnen und ins rechte Licht zu rücken.

Auch andere bestätigen, wie wichtig Schreiben ist:

„Als Kind habe ich die Großmutter belächelt, die immer wieder dieselbe Geschichte erzählte: Immer dasselbe, immer dieselben Wendungen. Heute weiß ich es besser. Es war nicht immer dasselbe. Im Erzählen hat sie ihr Leben verstanden, langsam neu und auch anders gedeutet. Wer kann, der sollte schreiben. Es muss ja nicht

immer die ganze Geschichte sein von Anfang bis Ende. Aber da und dort eine Erfahrung. Im Erzählen und Schreiben wird sie mir wieder gegenwärtig. Ich tauche neu ein in die alte Geschichte. Im Licht des Glaubens bekommen die Wege meines Lebens eine neue Deutung. Das Vergangene ist gerade nicht unverrückbar. Glauben heißt: Ich kann auch das Vergangene im Lichte Gottes neu verstehen und neu deuten."
(Wolfgang J. Bittner in der Zeitschrift „Die Kirche", Nr. 51/52)

Ich habe Lust zu schreiben
und will mir vor allem alles Mögliche
gründlich von der Seele reden.

(Anne Frank)

Das Schreiben ist ein Prozess, durch den
wir herausfinden, was in uns lebt.
Die tiefste Befriedigung des Schreibens
besteht genau darin, dass es neue Räume in
uns öffnet, von denen wir nichts
wussten, bevor wir zu schreiben begannen.

(Henry Nouwen)

Vielleicht sagen Sie, ich würde ja gerne schreiben, aber so richtig traue ich es mir nicht zu. Wieso eigentlich nicht? Seit einigen Jahren erlebe ich in Schreibwerkstätten, wie Frauen und Männer es versuchen und dabei spannende Erfahrungen machen. Am Anfang ist es wichtig, sich selbst ein wenig zu überlisten. Keiner wird es kontrollieren, Sie müssen es ja nicht einmal jemandem zeigen, wenn Sie es nicht wollen. Probieren Sie es einfach mal aus. Die folgenden kleinen Übungen können Sie dabei unterstützen:

Ein paar Schreibregeln:

- Schreiben Sie ohne Leistungsdruck: Was wird, wird. Es darf auch mal nichts werden.
- Oase des Schreibens – Sie treten nicht zum Diktat an, genießen Sie Ihr Schreiben.
- Das Geschriebene ist Ihr Rohmaterial – lösen Sie sich vom Anspruch, gut und schön zu schreiben. Das Ziel ist die Freude am Schreiben.
- So wie ich schreibe, ist es okay! Stellen Sie keine Vergleiche mit anderen an.
- Thema verfehlt gibt es nicht.
- Bewerten Sie Ihre Texte nicht, und schicken Sie einen möglichen Zensor in die Ecke.
- Und schließlich: Schreiben ist ein Handwerk, Sie können es lernen und üben.

Free Writing – eine kreative Schreibtechnik

Free Writing ist eine kreative Schreibtechnik, die Ken Macrorie als Mittel gegen Schreibängste entwickelt hat. Es ist eine Methode des schnellen, intuitiven, assoziativen Schreibens. Sie ist ganz einfach zu erlernen. Ihr besonderer Reiz liegt darin, dass sie nicht nur unser bewusstes Denken fördert, sondern darüber hinaus auch einen Zugang zu Erinnerungen eröffnet.

Wie das funktioniert?
Alles, was Sie brauchen, sind ein Blatt Papier und zehn Minuten Zeit. Schreiben Sie einfach drauflos und setzen Sie den Stift nicht ab. Nehmen Sie sich ein Stichwort, eine Frage vor und schreiben Sie alles auf, was Ihnen dazu einfällt. Zum Beispiel: Mein originellstes Weihnachtsgeschenk. Oder: Ein besonderer Weihnachtsbaum. Oder ...

Das Einzige, was Sie nicht tun dürfen, ist aufzuhören. Unterbrechen Sie Ihr Schreiben nicht, kritisieren und zensieren Sie es nicht. Wundern Sie sich auch nicht über das, was Sie zu Papier bringen. Während Sie schreiben, wird nicht gelesen und überarbeitet, sondern einfach nur geschrieben.

Haben Sie Lust, es zu versuchen?

Eine weitere kreative Schreibübung: Gestalten Sie ein Elfchen:

Ein Elfchen besteht aus 11 Worten: 1. Zeile ein Wort, 2. Zeile 2 Worte. 3. Zeile 3 Worte, 4. Zeile 4 Worte, 5. Zeile ein Wort. Das Anfangswort gibt die Thematik an, das Schlusswort bündelt die Hauptaussage in einem Wort zusammen

Beispiele:

Advent
ist wie
eine offene Türe,
die zum Licht führt.
Freude!

Weihnachten:
Damit beginnt
ein neuer Anfang.
Gott kommt zu uns!
Erlösung!

Fest
der Feste!
Essen und Trinken,
Freuen, Feiern, Singen, Danken.
Jahreshöhepunkt!

Wagen Sie sich an ein Akrostichon zum Thema ADVENT oder Weihnachten?

Der Begriff „Akrostichon“ stammt aus der griechischen Sprache: „Akros“ = das Äußerste, das Oberste und „stichos“ = Vers, erster Buchstabe eines Verses. Ein Akrostichon ist ein antikes Schreibspiel bzw. Gedicht, bei dem die Buchstaben eines Wortes senkrecht untereinander geschrieben werden. Jeder dieser Buchstaben bildet dann den Anfang eines neuen Wortes oder Satzes. Das vorgegebene Wort bildet das Thema, zu dem Wörter oder Sätze gefunden werden müssen.

Beispiel: ein Akrostichon mit dem eigenen Namen:

V	Veilchenduft	Vergissmeinnicht	Vergiss nicht, was er Dir Gutes getan hat
R	riecht	Rosen	Rufe mich an in der Not
E	einfach	Efeu	Erwählet euch heute, wem ihr dienen
N	nach	Nelken	Niemand kann sie aus meiner Hand
I	Inselglück	Immergrün	Ich habe dich je und je geliebt.

Zum Thema Advent:

A ....

D ....

V ....

E ....

N ....

T ....

Eine gute Idee ist auch ein ABCDarium – zum Thema Weihnachten oder Advent:

A lten Christbaumständer aus dem Keller holen

B lumen einkaufen

C hriststollen backen

D ekorieren

E ngel aufstellen

F ....

G ....

H ....

I ....

J ....

K ....

L ....

T ....

N ....

O ....

P ....

Q ....

R ....

S ....

T ....

U ....

V ....

W ....

X ....

Y ....

Z ....

Vielleicht fällt Ihnen zu den folgenden Fragen etwas ein:

- Schreiben Sie eine Geschichte über „Warten auf Weihnachten!". Erinnern Sie sich noch, wie Sie die Tage bis Heilig Abend gezählt haben? Oder denken Sie sich doch eine kleine Geschichte aus.
- Türen öffnen: Wo und wie haben sich für Sie in der Advents- und Weihnachtszeit Türen geöffnet, für einen Menschen, eine neue Erfahrung, in festgefahrenen Beziehungen?
- Wagen Sie sich an ein eigenes Magnifikat, einen eigenen Lobgesang, der aus Ihrem Herzen kommt.
- Sehnsucht nach Geborgenheit ist ein zentrales Thema gerade in der Weihnachtszeit. Erinnern Sie sich an ein Fest, wo Sie besonders nach einer Herberge gesucht haben?
- ...

Vielleicht nutzen Sie ja auch die Fragen in diesem Buch für Ihre eigenen Weihnachtserlebnisse und persönlichen Erinnerungen.

Probieren Sie es aus!

Quellenhinweise:

Alle Bibelverse, wenn nicht anders vermerkt:
Lutherbibel, revidierter Text 1984, durchgesehene Ausgabe
© 1999 Deutsche Bibelgesellschaft, Stuttgart

Abkürzungen der Bibel-Übersetzungen:
GNB = Gute Nachricht Bibel
© 2000 Deutsche Bibelgesellschaft, Stuttgart
NGÜ = Neue Genfer Übersetzung
© 2011 Genfer Bibelgesellschaft, Deutsche Bibelgesellschaft

Text von Martin Buchholz auf Seite 32:
Mit freundlicher Genehmigung des Autors. www.martinbuchholz.com

Text auf Seite 82: Völlig anders als erwartet
Text: Martin Buchholz – Fiebig
Musik: Hans Werner Scharnowski
© 1997 Kawohl Verlag, Wesel

Bilder und Skulpturen auf Seite 78 und 108: Cornelia Grzywa
Mit freundlicher Genehmigung der Künstlerin
www.grzywa.de

Bildnachweise:
Dieter Theobald: S. 8, 14, 24, 26, 30, 31, 34, 36, 38, 50, 58, 60, 64, 66, 70, 100, 104, 112, 114, 115, 116, 121, 134, 142.1 + .2, 143.3
Fotolia.com: S. 7, 42, 136, 138, 139 © Ina Schoenrock; S. 10 © Yü Lan; S. 18 © Marianne Mayer; S. 12, 19, 22, 23 © samiramay; S. 20 © Tivtyler; S. 21, 33 © lily; S. 32 © Tivtyle; S. 40, 41 © Daniel Loretto; S. 43, 54, 91, 106, 118, 123 © Elena Schweitzer; S. 44 © Bilder Prinz; S. 46, 130 © Benjamin Haas; S. 48 © Christopher Pahl; S. 52 © foto-aldente; S. 56, 57 © PhotoSG; S. 65 © Elena Arsentyeva, S. 68 © Photocreo Bednarek; S. 74 © francescobertozzi; S. 84 © Astrid Gast; S. 85 © Subbotina Anna; S. 86, 87 ©sumikophoto; S. 88, 113 © Jeanette Dietl; S. 90 © S.H.exclusiv; S. 92 © rolffimages; S. 94 © Andrzej Solnica; S. 96 © Anja Greiner Adam; S. 101 © Photobank; S. 102 © Oleksandr Kotenko; S. 120 © agneskantaruk; S. 122, 142 © Sandra Thiele; S. 123 © Elisabeth Coelfen; S. 123 © sarsmis; S. 123 © Anna-Maria West; S. 124 ©nt; S. 126 © pics; S. 131 © silver-john; S. 132 © Alexey Stio; S. 135 © ankiro; S. 135 © hjschneider; S. 135 © pincilla S. 140 © april_89; S. 142 © Claudia Hautumm; S. 143 © Melpomene
iStockphotot.com: S. 16 © Ls9907; S. 99 © Marilyn Nieves; S. 129 , 135 © makenoodle
123RF.com: S. 72 © moscobear; S. 80 © Gino Santa Maria; S. 110 © Stepen Orsillo; S. 111 © Aukasz Kurbiel; S. 128 © Juhani Viitanen; **photohut.ch:** S. 143.1
Photocase.de: S. 62 © Susanne Kuerth; S. 76 © eMAiX; **Celine Hefel:** S. 28, 143.2